Weisheit im Märchen

Weisheit im Märchen
Herausgegeben von Theodor Seifert

Viktor Zielen

Hans im Glück

Lebenslust statt Lebenslast

Kreuz Verlag

CIP-Kurztitelaufnahme der Deutschen Bibliothek

Zielen, Viktor:
Hans im Glück: Lebenslust statt Lebenslast /
Viktor Zielen. – 1. Aufl. – Zürich: Kreuz-Verlag, 1987.
(Weisheit im Märchen)
ISBN 3-268-00043-6

1. Auflage
© Kreuz Verlag AG Zürich 1987
Gestaltung: Hans Hug
Umschlagfoto: Erhard Jorde
ISBN 3-268-00043-6

Inhalt

Vorwort
7

Hans im Glück
9

Vorbemerkung
17

Hans und der Herr
21

Unterwegs
31

Gold für ein Pferd
41

Zu viel, zu wenig
49

Ein Pferd für eine Kuh
55

Übereinstimmung mit sich selbst
61

Glück im Unglück
69

Eine alte Kuh für ein junges Schwein
81

Mit der Gans unterm Arm
91

Die Zunft der Scherenschleifer und wir
107

Was man vom Scherenschleifer lernen kann
115

Der Feldbrunnen
131

Vorwort

Wer wäre nicht gern ein Hans im Glück? »So glücklich wie ich gibt es keinen Menschen unter der Sonne«, ruft Hans nach all seinen Tauschgeschäften am Ende der im Märchen beschriebenen Wanderung. So oder ähnlich wird es jeder Leser schon einmal gesagt oder wenigstens gedacht haben, aber immer sind es nur Stunden oder allzu kurze Augenblicke, in denen wir uns so fühlen und es am liebsten allen Menschen sagen möchten, wie froh und glücklich wir sind. Solche Erlebnisse sind wichtig und notwendig, um die vielen belastenden Lebenssituationen durchzustehen und die Hoffnung – wohl doch wieder auf ein neues Glücklichsein? – nicht zu verlieren. Die Suche nach Glück ist sicher eines der grundlegenden Motive menschlichen Begehrens und Handelns, auch wenn die Inhalte des Glücks von Mensch zu Mensch, von Kultur zu Kultur sehr verschieden sind.

Die hier vorliegende Deutung dieses so bekannten Märchens ist ebenso überraschend wie anregend. Eigentlich sieht es so aus, als ob Hans nur schlechte Tauschgeschäfte gemacht hätte. Schließlich blieb von seinem Klumpen Gold gar nichts übrig. Aber: Er war schlußendlich frei von aller Last. Ist dies nicht auch

»Glück«? Der Volksmund sagt es ja auch so: »›Zum Glück‹ bin ich diese Last, die Sorge los!«

Und genau das hat Hans geschafft.

Zum Verständnis des Märchens werden neben psychologischen Gesichtspunkten auch andere Quellen herangezogen, die bestätigen, daß es sich hier um ein »Lehrstück« handelt, dem Hans wie einem inneren unbewußten Plan folgt und das er durch seinen Weg darstellt, zur Anregung, vielleicht auch zur Nachahmung für den Leser.

»Prüfe mit dem Herzen, was die Dinge wert sind«, »Gib, was du hast, ungefragt weiter«, »Hilfe kommt, wenn du sie nicht erwartest« – das sind einige der Empfehlungen, die Hans nach Meinung des Verfassers an alle Leser des Märchens vermitteln möchte. Und da Märchen einen direkten Bezug zur Seele haben, kann uns uraltes Wissen, uralte Lehre wieder bewußt werden und helfen, den Alltag zu bestehen.

Lassen Sie das Märchen nun zunächst in Ruhe auf sich wirken. Spüren Sie dem nach, was es in Ihnen anregt, lassen Sie sich verzaubern von der ihm eigenen Kraft und Vision, lassen Sie sich von Ihren eigenen Reaktionen überraschen.

Ein Hinweis: Die Autoren dieser Reihe haben sich bei den Texten der Märchen an folgende Ausgabe gehalten: *Kinder- und Hausmärchen. Gesammelt durch die Brüder Grimm, 2 Bände, Manesse Verlag.*

Theodor Seifert

Hans im Glück

Hans hatte sieben Jahre bei seinem Herrn gedient, da sprach er zu ihm: »Herr, meine Zeit ist herum, nun wollte ich gerne wieder heim zu meiner Mutter, gebt mir meinen Lohn.« Der Herr antwortete: »Du hast mir treu und ehrlich gedient; wie der Dienst war, so soll der Lohn sein«, und gab ihm ein Stück Gold, das so groß als Hansens Kopf war. Hans zog sein Tüchlein aus der Tasche, wickelte den Klumpen hinein, setzte ihn auf die Schulter und machte sich auf den Weg nach Haus. Wie er so dahinging und immer ein Bein vor das andere setzte, kam ihm ein Reiter in die Augen, der frisch und fröhlich auf einem muntern Pferd vorbeitrabte. »Ach«, sprach Hans ganz laut, »was ist das Reiten ein schönes Ding! Da sitzt einer wie auf einem Stuhl, stößt sich an keinen Stein, spart die Schuh und kommt fort, er weiß nicht wie.« Der Reiter, der das gehört hatte, hielt an und rief: »Ei, Hans, warum läufst du auch zu Fuß?« – »Ich muß ja wohl«, antwortete er, »da habe ich einen Klumpen heimzutragen: es ist zwar Gold, aber ich kann den Kopf dabei nicht gerad halten, auch drückt mir's auf die Schulter.« – »Weißt du was«, sagte der Reiter, »wir wollen tauschen: ich gebe dir mein Pferd, und du gibst mir deinen Klumpen.« – »Von Herzen gern«, sprach Hans, »aber ich sage Euch, Ihr müßt Euch damit schleppen.« Der Reiter stieg ab, nahm das Gold und half dem Hans hinauf, gab ihm die Zügel fest in die Hände und sprach: »Wenn's nun recht geschwind soll gehen, so mußt du mit der Zunge schnalzen und hopp hopp rufen.«

Hans war seelenfroh, als er auf dem Pferde saß und so frank und frei dahinritt. Über ein Weilchen fiel's ihm ein, es sollte noch schneller gehen, und fing an, mit der Zunge zu schnalzen und hopp hopp zu rufen. Das Pferd setzte sich in starken Trab, und ehe sich's Hans versah, war er abgeworfen und lag in einem Graben, der die Äcker von der Landstraße trennte. Das Pferd wäre auch durchgegangen, wenn es nicht ein Bauer aufgehalten hätte, der des Weges kam und eine Kuh vor sich her trieb. Hans suchte seine Glieder zusammen und machte sich wieder auf die Beine. Er war aber verdrießlich und sprach zu dem Bauer: »Es ist ein schlechter Spaß, das Reiten, zumal wenn man auf so eine Mähre gerät wie diese, die stößt und einen herabwirft, daß man den Hals brechen kann; ich setze mich nun und nimmermehr wieder auf. Da lob ich mir Eure Kuh, da kann einer mit Gemächlichkeit hinterhergehen und hat obendrein seine Milch, Butter und Käse jeden Tag gewiß. Was gäb ich darum, wenn ich so eine Kuh hätte!« – »Nun«, sprach der Bauer, »geschieht Euch so ein großer Gefallen, so will ich Euch wohl die Kuh für das Pferd vertauschen.« Hans willigte mit tausend Freuden ein: Der Bauer schwang sich aufs Pferd und ritt eilig davon.

Hans trieb seine Kuh ruhig vor sich her und bedachte den glücklichen Handel. »Hab ich nur ein

Stück Brot, und daran wird mir's doch nicht fehlen, so kann ich, sooft mir's beliebt, Butter und Käse dazu essen; hab ich Durst, so melke ich meine Kuh und trinke Milch. Herz, was verlangst du mehr?« Als er zu einem Wirtshaus kam, machte er Halt, aß in der großen Freude alles, was er bei sich hatte, sein Mittags- und Abendbrot, rein auf und ließ sich für seine letzten paar Heller ein halbes Glas Bier einschenken. Dann trieb er seine Kuh weiter, immer nach dem Dorfe seiner Mutter zu. Die Hitze ward drückender, je näher der Mittag kam, und Hans befand sich in einer Heide, die wohl noch eine Stunde dauerte. Da ward es ihm ganz heiß, so daß ihm vor Durst die Zunge am Gaumen klebte. Dem Ding ist zu helfen, dachte Hans, jetzt will ich meine Kuh melken und mich an der Milch laben. Er band sie an einen dürren Baum, und da er keinen Eimer hatte, so stellte er seine Ledermütze unter, aber wie er sich auch bemühte, es kam kein Tropfen Milch zum Vorschein. Und weil er sich ungeschickt dabei anstellte, so gab ihm das ungeduldige Tier endlich mit einem der Hinterfüße einen solchen Schlag vor den Kopf, daß er zu Boden taumelte und eine Zeitlang sich gar nicht besinnen konnte, wo er war. Glücklicherweise kam gerade ein Metzger des Weges, der auf einem Schubkarren ein junges Schwein liegen hatte. »Was sind das für Streiche!« rief er und half dem guten Hans auf. Hans erzählte, was vorgefallen war. Der Metzger reichte ihm seine Flasche und sprach: »Da trinkt einmal und erholt Euch. Die Kuh will wohl keine Milch geben, das ist ein altes Tier, das höchstens noch zum Ziehen taugt oder zum Schlachten.« – »Ei, ei«, sprach Hans und strich sich die Haare über den Kopf, »wer hätte das gedacht! Es ist freilich gut, wenn man so ein Tier ins Haus abschlachten kann, was gibt's für Fleisch! Aber ich mache mir aus dem Kuhfleisch nicht viel, es ist mir nicht saftig genug. Ja, wer so ein junges Schwein hätte! Das schmeckt anders, dabei noch die Würste.« – »Hört, Hans«, sprach da der Metzger, »Euch zuliebe will ich tauschen und will Euch das Schwein für die Kuh lassen.« – »Gott lohn Euch Eure Freundschaft«, sprach Hans, übergab ihm die Kuh, ließ sich das Schweinchen vom Karren losmachen und den Strick, woran es gebunden war, in die Hand geben.

Hans zog weiter und überdachte, wie ihm doch alles nach Wunsch ginge; begegnete ihm je eine Verdrießlichkeit, so würde sie doch gleich wieder gutgemacht. Es gesellte sich danach ein Bursch zu ihm, der trug eine schöne weiße Gans unter dem Arm. Sie boten einander die Zeit, und Hans fing an, von seinem Glück zu erzählen und wie er immer so vorteilhaft getauscht hätte. Der Bursch erzählte ihm, daß er die Gans zu einem Kindtaufschmaus brächte. »Hebt einmal«, fuhr er fort und packte sie bei den Flügeln, »wie schwer sie ist; sie ist aber auch acht Wochen lang genudelt worden. Wer in den Braten beißt, muß sich das Fett von beiden Seiten abwischen.« – »Ja«, sprach Hans und wog sie mit der einen Hand, »die hat ihr Gewicht, aber mein Schwein ist auch keine Sau.« Indessen sah sich der Bursch nach allen Seiten ganz bedenklich um, schüttelte auch wohl mit dem Kopf. »Hört«, fing er darauf an, »mit Eurem Schweine mag's nicht ganz richtig sein. In dem Dorf, durch das ich gekommen bin, ist eben dem Schulzen eins aus dem Stall gestohlen worden. Ich fürchte, ich fürchte, Ihr habt's da in der Hand. Sie haben Leute ausgeschickt, und es wäre ein schlimmer Handel, wenn sie Euch mit dem Schwein erwischten: das geringste ist, daß Ihr ins finstere Loch gesteckt werdet.« Dem guten Hans ward bang. »Ach Gott«, sprach er, »helft mir aus der Not, Ihr wißt hierherum bessern Bescheid, nehmt mein Schwein da und laßt mir Eure Gans.« – »Ich muß schon etwas aufs Spiel setzen«, antwortete der Bursche, »aber ich will doch nicht schuld sein, daß Ihr ins Unglück geratet.« Er nahm also das Seil in die Hand und trieb das Schwein schnell auf einem Seitenweg fort: der gute Hans aber ging, seiner Sorgen entledigt, mit der Gans unter dem Arme der Heimat zu. »Wenn ich's recht überlege«, sprach er mit sich selbst, »habe ich noch Vorteil bei dem Tausch: erstlich den guten Braten, hernach die Menge von Fett, die herausträufeln wird, das gibt Gänsefettbrot auf ein Vierteljahr: und endlich die schönen weißen Federn, die laß ich mir in mein Kopfkissen stopfen, und darauf will ich wohl ungewiegt einschlafen. Was wird meine Mutter eine Freude haben!«

Als er durch das letzte Dorf gekommen war, stand da ein Scherenschleifer mit seinem Karren, sein Rad schnurrte, und er sang dazu:

»Ich schleife die Schere und drehe geschwind
Und hänge mein Mäntelchen nach dem Wind.«

Hans blieb stehen und sah ihm zu; endlich redete er ihn an und sprach: »Euch geht's wohl, weil Ihr so lustig bei Eurem Schleifen seid.« – »Ja«, antwortete der Scherenschleifer, »das Handwerk hat einen güldenen Boden. Ein rechter Schleifer ist ein Mann, der, sooft er in die Tasche greift, auch Geld darin findet. Aber wo habt Ihr die schöne Gans gekauft?« – »Die hab ich nicht gekauft, sondern für mein Schwein eingetauscht.« – »Und das Schwein?« – »Das hab ich für eine Kuh gekriegt.« – »Und die Kuh?« – »Die hab ich für ein Pferd bekommen.« – »Und das Pferd?« – »Dafür hab ich einen Klumpen Gold, so groß als mein Kopf, gegeben.« – »Und das Gold?« – »Ei, das war mein Lohn für sieben Jahre Dienst.« – »Ihr habt Euch jederzeit zu helfen gewußt«, sprach der Schleifer, »könnt Ihr's nun dahin bringen, daß Ihr das Geld in der Tasche springen hört, wenn Ihr aufsteht, so habt Ihr Euer Glück gemacht.« – »Wie soll ich das anfangen?« sprach Hans. »Ihr müßt ein Schleifer werden wie ich; dazu gehört eigentlich nichts als ein Wetzstein, das andere findet sich schon von selbst. Da hab ich einen, der ist zwar ein wenig schadhaft, dafür sollt Ihr mir aber auch weiter nichts als Eure Gans geben; wollt Ihr das?« – »Wie könnt Ihr noch fragen«, antwortete Hans, »ich werde ja zum glücklichsten Menschen auf Erden; habe ich Geld, sooft ich in die Tasche greife, was brauche ich da länger zu sorgen?« reichte ihm die Gans hin und nahm den Wetzstein in Empfang. »Nun«, sprach der Schleifer und hob einen gewöhnlichen schweren Feldstein, der neben ihm lag, auf, »da habt Ihr noch einen tüchtigen Stein dazu, auf dem sich's gut schlagen läßt und Ihr Eure alten Nägel geradeklopfen könnt. Nehmt ihn und hebt ihn ordentlich auf.«

Hans lud den Stein auf und ging mit vergnügtem Herzen weiter; seine Augen leuchteten vor Freude. »Ich muß in einer Glückshaut geboren sein«, rief er aus, »alles, was ich wünsche, trifft mir ein wie einem Sonntagskind.« Indessen, weil er seit Tagesanbruch auf den Beinen gewesen war, begann er müde zu werden; auch plagte ihn der Hunger, da er allen Vorrat auf einmal in der Freude über die erhandelte Kuh aufgezehrt hatte. Er konnte endlich nur mit Mühe weitergehen und mußte jeden Augenblick haltmachen; dabei drückten ihn die Steine ganz erbärmlich. Da konnte er sich des Gedankens nicht erwehren, wie gut es wäre, wenn er sie gerade jetzt nicht zu tragen brauchte. Wie eine Schnecke kam er zu einem Feldbrunnen geschlichen, wollte da ruhen und sich mit einem frischen Trunk laben: damit er aber die Steine im Niedersitzen nicht beschädigte, legte er sie bedächtig neben sich auf den Rand des Brunnens. Darauf setzte er sich nieder und wollte sich zum Trinken bükken; da versah er's, stieß ein klein wenig an, und beide Steine plumpten hinab. Hans, als er sie mit seinen Augen in die Tiefe hatte versinken sehen, sprang vor Freude auf, kniete dann nieder und dankte Gott mit Tränen in den Augen, daß er ihm auch diese Gnade noch erwiesen und ihn auf eine so gute Art und ohne daß er sich einen Vorwurf zu machen brauchte, von den schweren Steinen befreit hätte, die ihm allein noch hinderlich gewesen wären. »So glücklich wie ich«, rief er aus, »gibt es keinen Menschen unter der Sonne.« Mit leichtem Herzen und frei von aller Last sprang er nun fort, bis er daheim bei seiner Mutter war.

Vorbemerkung

Märchen spiegeln, wie es im Vorwort des Herausgebers heißt, allgemeine menschliche Situationen und Schicksale, in denen jeder sich auf seine Art wiederfinden kann. Das trifft sicher auch auf das Märchen »Hans im Glück« zu. Umstände, in welchen Menschen durch andere Menschen getäuscht, von anderen verlacht oder – wie der Volksmund sagt – »reingelegt« werden, finden sich, will man den Erinnerungen im eigenen Leben nachgehen, leider öfter, als es einem lieb ist. Hier stellt sich sofort eine gleichsam doppelte Frage: Wie bin ich früher mit meinen Verlegenheiten und Kränkungen umgegangen, und wie gehe ich noch immer mit ihnen um? Etwa wie Hans im Glück, um am Ende wie dieser mit leeren Händen und Taschen, aber glücklich dazustehen?

Sooft ich als Kind das Märchen »Hans im Glück« hörte, oder wenn ich es später gelegentlich las, fühlte ich einen seltsamen Widerspruch. Hansens Verhalten amüsierte mich wohl zuerst auf eine gewisse Weise, später ärgerte es mich. Es irritiert mich bis heute und zieht mich doch immer wieder an. Dabei gehört »Hans im Glück« nicht zu meinen Lieblingsmärchen wie »Die sieben Raben« oder »Die sechs Schwäne«.

Da schwelge ich beim Zuhören, fühle mich glücklich, wenn die armen Brüder endlich erlöst und wieder bei ihrer Schwester sind.

Bei »Hans im Glück« war es immer der Widerspruch, der mich anzog. Sollte hierin die Wirkung des Märchens liegen, seine Ausstrahlung, sein unerklärlicher Zauber? Je länger ich über das Märchen nachsann, um so verlockender schien es mir, mich mit ihm näher zu beschäftigen. So nahm ich die Anregung von Theodor Seifert gerne auf, meine diesbezüglichen Gedanken niederzuschreiben.

Ich begann mit allgemeinen Überlegungen zum Thema Glück, befragte unsere Dichter, die Philosophen, fragte jeden, den ich näher kannte, nach der Meinung über den Hans im Glück. Zuletzt las ich nur noch das Märchen. Ich las es immer und immer wieder. Ich ging der Symbolik der Tiere nach, die im Märchen vorkommen. Alle Tiere gehören in den Symbolkreis der Großen Mutter. Ich sann über die Bedeutung der Tauschhandlungen nach und über ihren Sinn. Sie spiegeln offensichtlich die verschiedenen Seiten des Umgangs mit der Mutter: Wie sie einen als »Pferd« trägt, als »Kuh« nährt, als »Schwein« angrunzt und aufreizt – wie sie als »Gans« davonfliegt und einen in höhere Sphären hinlenkt. – Dann tritt Hans plötzlich ohne seine Tiere in die Welt des Scherenschleifers ein. Er besitzt aber offensichtlich noch das Vertrauen und die Kräfte, um mit den entstehenden Schwierigkeiten zu Rande zu kommen. – Am Ende am Brunnen angelangt, ist er – »als er sich versieht« – frei von aller Last und kann nun glücklichen Herzens zurück zu seiner Mutter. Diesen Weg und was es damit auf sich haben könnte, zeigt das Märchen allen, die sich tiefer mit ihm beschäftigen möchten.

Gerne lade ich den Leser ein, diesen Weg nochmals mit mir zu gehen und zu überprüfen, welches seine Meinung von Hans im Glück ist.

Hans und der Herr

Hans hatte sieben Jahre bei seinem Herrn gedient, da sprach er zu ihm: »Herr, meine Zeit ist herum, nun wollte ich gerne wieder heim zu meiner Mutter, gebt mir meinen Lohn.« Der Herr antwortete: »Du hast mir treu und ehrlich gedient; wie der Dienst war, so soll der Lohn sein«, und gab ihm ein Stück Gold, das so groß als Hansens Kopf war.

Ein Diener, der wie Hans vor seinen Herren tritt, ihn um seinen Lohn bittet, dessen Höhe er in das Ermessen des Herrn legt, ein Herr, der Ehrlichkeit und Treue seines Dieners zur Grundlage des Lohnes macht und ihm einen Klumpen Gold gibt, so groß wie dessen Kopf – sie können als Spiegelbild einer Ordnung erscheinen, die wir in ferne sagenhafte oder märchenhafte Zeiten zu verlegen geneigt sind.

Nicht nur die Art, wie Diener und Herr miteinander umgehen, spricht für goldene Zeiten. In eine goldene Zeit gehört es wohl auch, wenn der Lohn nicht als geprägte Münze, sondern als Klumpen Gold dem ausgehändigt wird, der sieben Jahre treu und ehrlich gedient hat. Und so wie Gold mehr als Münze bedeutet, so sind sieben Jahre Dienst nicht etwa eine vertraglich festgesetzte Zeit, sondern eher eine Periode, die dem Rhythmus der Lebensvorgänge abgelauscht sein dürfte.

Ein alter Bauernspruch lautet: »Der Mensch hat sieben Häute.« Mit sieben Jahren hört die frühe Kindheit auf, nach abermals sieben Jahren pflegen wir in eine Lehre zu kommen, mit einundzwanzig treten wir nach dem alten Recht ins Erwachsenenalter ein. Sieben Jahre dient Jakob, ehe er die erste Tochter Labans erhält. Er muß weitere sieben Jahre um Labans zweite Tochter Rahel dienen, die er liebte. Sieben mal zehn Jahre währt, wie die Bibel verheißt, des Menschen Leben. Siebzig und zehn Jahre werden es, wenn es hoch kommt.

Sieben ist eine heilige Zahl, die einer alten Tradition zufolge das abgeschlossene Werk symbolisiert. Und wie Anfang und Ende stets als Ausdruck eines Geschehens aufgefaßt werden können, bedeutet die Zahl Sieben auch den Beginn eines neuen Werkes, das sich in der Acht vollenden will. Die Symbolik der Zahlen scheint dem Rhythmus der Lebensvorgänge abgelauscht. Ihre Kraft wurzelt in der Tiefe eines seelisch-geistigen Erlebens; sie teilt sich – wie alle Geheimlehren übereinstimmend hervorheben – demjenigen mit, der sich ehrfürchtig und unter Aufbietung aller seiner Herzens- und Geisteskräfte um das im Symbol enthaltene Geheimnis bemüht. Goethe drückt den Sachgehalt in seinen Maximen und Reflexionen so aus: »Das ist die wahre Symbolik, wo das Besondere das Allgemeine repräsentiert, nicht als Traum und Schatten, sondern als lebendig-augenscheinliche Offenbarung des Unerforschlichen.«

Folgen wir der orientalischen Überlieferung, an

die bereits Pythagoras angeknüpft haben soll, dann ist Sieben die »jungfräuliche« Zahl, denn sie entsteht weder dadurch, daß man irgendeine Zahl mit einer anderen vervielfacht, noch bringt sie mit irgendeiner Zahl multipliziert eine andere Zahl unter der Zahl Zehn hervor. Sie ist infolge der Unteilbarkeit »voll«. Sie heißt auch »Pyramidenzahl«, weil die Pyramide aus vier Dreiecken besteht. Sie setzt sich aus der Vier und der Drei zusammen, wobei die gerade Zahl Vier als essentiell weiblich, die ungerade Zahl Drei als essentiell männlich, die Sieben deshalb als Symbol der Universalität gilt. A. Teillard faßt die Bedeutung der Zahl in ihrem Buch »Traumsymbolik« so zusammen: »Die Zahl Sieben hat höchste magische Gewalt. Sie ist die heilige Zahl, da sie sich aus der Dreiheit und der Vierheit zusammensetzt. Sieben symbolisiert den Geist Gottes, der das Universum regiert. Gott, das heißt die All-Einheit, leitet den Lauf der Welten durch seine sieben herrschenden Prinzipien, die sieben himmlischen Gouverneure, denen die sieben Planeten zugehören. Am siebenten Tag war die Welt geschaffen, Sieben symbolisiert das vollendete Werk, die belebte, sich ewig bewegende Schöpfung, die Zahl Sieben bedeutet zugleich auch Initiation.«

Entsprechend kommt der Zahl Sieben als heiliger Zahl auch eine zentrale Bedeutung in der jüdisch-christlichen Tradition zu. Dorothea Forstner, die Verfasserin des Buches »Welt der Symbole«, bezeichnet die Sieben als die schlechthin heilige Zahl im Alten Testament, wofür nicht nur der Schöpfungsbericht der Genesis als Beleg dienen kann. Das Zeitmaß der sieben Tage – wobei ein Tag vor Gott wie tausend Jahre ist – wird durch den von seinen Werken ausruhenden Gott geheiligt und sanktioniert. So heißt es bei Augustinus im 11. Kapitel seines Gottesstaates: »Am siebten Tage aber, das ist an demselben Tage, der sich zum siebtenmale wiederholte, wird uns die Ruhe Gottes verkündet: ... So wollte Gott denn diesen Tag nicht durch irgendwelche Werke, sondern durch seine Ruhe heiligen, die keinen Abend hat.« Augustinus interpretiert weiter die Sabbatruhe als den ewigen Sabbat, in dem die Welt ihre Vollendung einmal erreicht.

Mag der Märchenerzähler nun die verzweigte Symbolik der Siebenzahl vor Augen gehabt haben oder nicht, das Märchen »Hans im Glück« beginnt lapidar wie folgt: »Hans hatte sieben Jahre bei seinem Herrn gedient, da sprach er zu ihm: ›Herr, meine Zeit ist herum, nun wollte ich gerne wieder heim zu meiner Mutter, gebt mir meinen Lohn.‹«

Wir erfahren also als erstes, daß Hansens Zeit herum ist und daß er entschlossen ist, wieder heim zu seiner Mutter zu gehen. Dazu braucht er offenbar den Lohn. Der Herr, dem Hans sieben Jahre diente, ist sofort mit Hansens Bitte einverstanden. Er entläßt Hans mit einem großen Stück Gold und überläßt ihm, welchen Gebrauch er von seinem Lohn machen wird. Über den Dienst, der Hans einen so beachtlichen Lohn einbrachte, sagt das Märchen nichts Näheres. Läßt sich vielleicht aus dem Lohn, den wir kennen, auf Hansens Dienst schließen? Oder steht das Gold, das Hans von seinem Herrn erhält, symbolisch für das Erlernen und Erreichen von Fähigkeiten, die wie das edle Metall glänzen und als höchster Wert einzustufen wären? Heißt das vielleicht auch, daß Hans bei einem ebenso reichen und mächtigen wie gerechten und weisen Herrn diente? War dieser Herr wohl auch sein Lehrer, der ihn mit der Beendigung des Dienstes in die eigene Zuständigkeit und Verantwortung entließ, welche nur der erreicht, der ein neues und höheres Bewußtsein entwickelt? Weist wiederum das beständige Gold, dem Feuer und Rost nichts anhaben, symbolisch über den vergänglich irdischen Lebensbereich hinaus in einen ewigen und göttlichen? Ist der gerechte und weise Herr, dem Hans sieben Jahre seines Lebens diente, am Ende der liebe Gott selbst? Das Märchen sagt davon nichts. Doch hat Hans in der Zeit seines Dienens offenbar die Herzens- und Geisteskräfte entwickelt, die ihn befähigen, die Welt mit anderen Augen, und das heißt wohl mit den Augen seines Dienstherren, zu sehen. Jedenfalls verhält Hans sich auf seiner Wanderschaft nach Hause anders als der durchschnittlich »gescheite« Mensch.

Folgen wir der Logik des Märchens, so wäre der durchschnittlich »gescheite« Mensch einer, dessen Zeit zu dienen entweder noch nicht »herum« ist, oder einer, der in die große Schar der unehrlichen und treulosen Menschen gehört.

Hans, der als schlichter Mann zur Weisheit seines Herzens gefunden hat, weiß, daß aller Besitz oder Verdienst dem aus seinen Händen rinnt, der ihn festhalten will. Er weiß, daß Menschen am Ende stets in die Abhängigkeit von der Macht geraten, die sie ausüben oder mit deren Hilfe sie andere beherrschen wollen.

Darum wird Hans sein Gold so gebrauchen, daß

er frohen Herzens wieder zurück zur Mutter gelangt. Bedeutet nun Gold »so groß wie der Kopf« die überlegene Geisteskraft, die Hans in seinem Dienst erworben hat, so scheint der verschlüsselte Sinn des Märchens auf den rechten Gebrauch der geistigen Gaben und Kräfte zu verweisen. Ist doch schon immer nichts wichtiger und schwieriger als eben dies gewesen. Damit stoßen wir auf die Widersprüche und Gefahren, welchen der Mensch gerade dann ausgesetzt ist, wenn er aus eigener innerer Initiative gegen die Meinung der vielen den rechten Gebrauch von seiner Vernunft machen möchte. Durchaus ironisch läßt Goethe darum wohl seinen Mephisto – die Kraft, die stets das Böse will und stets das Gute schafft – Gott gegenüber die Klage führen, daß der Mensch ein bißchen besser leben würde, hätte ihm Gott nicht den Schein des Himmelslichts gegeben, den er Verstand nennt. Doch der Mensch »braucht ihn allein, um tierischer als jedes Tier zu sein«.

Ortega y Gasset drückt den Sachverhalt für unsere Gegenwart in seinem Buch »Aufstand der Massen« ähnlich provokativ so aus: »Charakteristisch für den gegenwärtigen Augenblick ist jedoch, daß die gewöhnliche Seele sich über ihre Gewöhnlichkeit klar ist, aber die Unverfrorenheit besitzt, für das Recht der Gewöhnlichkeit einzutreten und es überall durchzusetzen.« Und er fügt hinzu: »Wer nicht ›wie alle‹ ist, wer nicht ›wie alle‹ denkt, läuft Gefahr, ausgeschaltet zu werden. Und es ist klar, daß ›alle‹ eben nicht alle sind. ›Alle‹ waren normalerweise die komplexe Einheit aus Masse und Andersdenkenden, besonders Eliten. Heute sind ›alle‹ nur noch die Masse.«

So steht der Berufene – Ortega y Gasset spricht vom Edlen, der es wagt, der inneren Stimme des Gewissens, dem Selbst zu folgen – vor den Augen der Welt als ein Abweichler und Tor da. Die Masse zögert nicht, den augenscheinlichen Abweichler mit Grüblern, Enthusiasten oder solchen Menschen gleichzusetzen, die verblendet oder machtbesessen das Maß gegenüber dem Leben verloren haben. Ein Verhalten, wie Hans im Glück es zeigt, scheint dabei nicht einmal provokativ, sondern einfach unglaubwürdig und unrealistisch, eben wie es Märchen nach der Auffassung von Durchschnittsmenschen überhaupt sind. Gerade dem widerspricht der Sinn des Märchens. Der Erzähler jedenfalls mag an die Erfahrung der großen und berufenen Menschen gedacht haben, die, wie schwierig und verschlungen ihre Wege auch immer gewesen sein mögen, um des inneren Friedens und des Nächsten willen fähig und bereit waren, ihre Kräfte in den Dienst des Lebens zu stellen.

Diese Geistesverfassung findet sich im Tarot vorgebildet. Einer sehr alten und geheimen Überlieferung folgend, stellen die Tarotkarten den Weg des Menschen zu sich selbst in Symbolen dar. Die sogenannten »großen Arcana« setzen sich aus zweiundzwanzig Bildern zusammen. Diese beleuchten die jeweilige geistige Position des nach Selbsterkenntnis und Selbstverwirklichung strebenden Adepten. Der auf der Stufe elf zu größter Kraft gelangte Adept wird auf der nächsthöheren Stufe zwölf unvermutet zum Diener Gottes.

Der GEHÄNGTE

Die Welt hat sich für ihn verkehrt, er hängt – wie die Karte veranschaulicht – mit dem Kopf nach unten zwischen zwei Balken. Aus den Taschen des »Gehängten« fallen Silber- und Goldstücke heraus. Er läßt es geschehen, hängt er doch, wie man die Karte interpretieren kann, ungerührt von der Meinung der Menschen an Gott.

Um allerdings dahin zu gelangen, muß er, wie die abgeschlagenen Sprossen auf den beiden Balken zeigen, sechs Stufen einer geistigen Entwicklung hinter sich bringen. Auf der erreichten siebten Stufe ist der Adept plötzlich der initiatischen Kraft der Sieben ausgesetzt. Aus der Drei und Vier gleich Sieben, welche als heilige Zahl das abgeschlossene Werk symbolisiert, ergibt sich bei der Multiplikation die Zahl Zwölf. Diese Zahl bedeutet gemäß der ihr innewohnenden Symbolik höchste Intelligenz, die das Universum begreift und erklärt. Sie symbolisiert also Macht über die Natur, welche durch Erkenntnis, Milde und Opfer erreicht wird. Der Mensch auf der beschriebenen Stufe, welche ihn in ein verkehrtes Verhältnis zu anderen Menschen stellt, hat die Aufgabe, das, was er im Leben gewonnen hat, wieder ans Leben zurückzugeben. Für einen solchen Menschen ist in religiöser Interpretation die zwölfte, letzte und höchste Stufe des Messias angebrochen.

Unterstellen wir, daß auch Hans wie der Hängende auf der Karte zwölf der großen Arcana der gewandelten Kraft seiner seelisch-geistigen Gaben folgen muß, so könnten die verschiedenen Zwischenfälle, die Hans im Glück auf seiner Wanderung zustoßen, als ein Lehrstück verstanden werden. In einfacher und zum Nachsinnen anregender Weise wird uns im Märchen mitgeteilt, worauf es im Leben letzten Endes ankommt. Die zusammenfassenden Überschriften über den einzelnen Kapiteln des Lehrstückes, die zu den Etappen von Hansens Wanderung passen, könnten etwa wie folgt heißen: Lebe so, daß du das Wechselspiel der Umstände annimmst – Prüfe mit dem Herzen, was die Dinge wert sind – Gib, was du hast, ungefragt weiter – Hilfe kommt, wenn du sie nicht erwartest.

Indem Hans die Maximen des ihm unbekannten Lehrstückes befolgt, findet er frei von aller Last ans gewünschte Ziel. Darin liegt die überraschende Kraft des Märchens Hans im Glück.

Am Abend im Dorf der Mutter anzukommen, das kann dann auch etwas Ähnliches wie der Titel einer Komödie von Shakespeare meinen, nämlich: »Ende gut, alles gut«. Ist doch unser Hans sicherlich jemand, dessen Handeln von der Überzeugung bestimmt ist, daß das Leben rasch wie ein Tag zu Ende geht. Deshalb heißt für ihn glücklich und weise zu leben, dort hinzugelangen, von wo das Leben einst seinen Ausgang nahm, zu seiner Mutter.

Die alten Lateiner drückten die Sache so aus: si vis vitam para mortem. Das heißt übersetzt: Wenn du leben willst, dann bereite den Tod vor. Diese uns allen zukommende Aufgabe fröhlichen Herzens, ehrlich und treu zu erfüllen, das ist es, was uns wohl das Märchen »Hans im Glück« vor Augen führen möchte.

Unterwegs

»Ei, Hans, warum läufst du auch zu Fuß?« – »Ich muß ja wohl«, antwortete er, »da habe ich einen Klumpen heimzutragen: es ist zwar Gold, aber ich kann den Kopf dabei nicht gerad halten, auch drückt mir's auf die Schulter.« – »Weißt du was«, sagte der Reiter, »wir wollen tauschen: ich gebe dir mein Pferd, und du gibst mir deinen Klumpen.« – »Von Herzen gern«, sprach Hans, »aber ich sage Euch, Ihr müßt Euch damit schleppen.«

Man kann das Märchen »Hans im Glück« als eine Geschichte in Bildern an sich vorüberziehen lassen, die uns zeigt, daß Hans stets dann oder vielleicht deshalb glücklich ist, wenn oder weil er sich nicht so verhält, wie es unsere vernünftige Einschätzung meint oder voraussieht. Nun könnten wir sagen, Glück habe etwas mit der Vorstellung des einzelnen zu tun, auch wüßten die Menschen, wenn überhaupt, erst hinterher, ob ihre Erlebnisse Glück oder Unglück bedeuten. Was Hansens Glück betrifft, so scheint es jedenfalls für den, der die Geschichte liest, eher schwierig, sich mit der im Märchen vertretenen Auffassung zu arrangieren.

Nun macht eine Kette von seltsamen Tauschhandlungen, die der vernünftigen Auffassung nach einen glatten Verlust darstellen, sicherlich nicht alleine den Reiz der Geschichte aus, auch dann nicht, wenn sie allemal von Hans als Glück erlebt wird. Das Märchen kann uns anregen, über die Bedeutung menschlicher Handlungen oder menschlichen Verhaltens nachzusinnen.

Also stellt sich die Frage, ob die Abenteuer von Hans Ausdruck einer beständigen Wandlung sind, durch welche er erfährt (und wir mit ihm), was das eigentliche Ziel und damit den inneren Sinn des Lebens ausmacht. Ist Hans vom Philosophenstandpunkt vielleicht jemand, der dem Impuls der Herzenskräfte folgt, etwa ähnlich wie Sokrates, den bekanntlich die Stimme seines Daimonions geleitet hat? Können Hansens Erlebnisse als das Umsetzen von Erfahrungen betrachtet werden, welche das Gold seiner Seelenkräfte direkt und natürlich aufleuchten lassen?

Auch wenn ich über Hans philosophiere, so machen meine Betrachtungen Hans noch nicht zum Philosophen. Eher ist Hans im Glück eine natürliche Klugheit eigen. Sein Verhalten ist jedenfalls bestechend einfach und ungekünstelt. Insofern könnte er als ein Naturtalent gelten. Er bleibt, wie der Märchenerzähler ihn schildert, ein großer Junge, über dessen Unbekümmertheit und Naivität wir uns freuen oder verwundern dürfen. Wie immer wir zu Hans stehen, sein Handeln läuft so selbstverständlich und natürlich ab wie alle Lebensvorgänge, sofern sie nicht durch Absichten gestört werden, die außerhalb ihrer

Bestimmung liegen. Darum könnte das Verhalten von Hans mit dem Blühen einer Blume verglichen werden, die die bunten Blütenblätter an den Sommer abgibt, um zuletzt in Gestalt von winzigen Samenkörnern zurück in den Schoß der Mutter Erde zu gelangen.

Hans hatte sieben Jahre gedient. Er hat seinen Lohn erhalten. Nun führt ihn sein Weg zurück zur Mutter. Dies ist ein sehr einfacher, aber für unser Erwachsenenbewußtsein auch sehr provozierender Sachverhalt. Noch einmal stellt sich die Frage: Ist nun Hans jemand, der sein Leben vom Ende her betrachten kann im Wissen darum, daß jeder Schritt, den einer geht, ihn näher ans Grab bringt, oder ist er nur ein leichtsinniger Geselle, der den goldenen Lohn unbedacht verschleudert?

Folgen wir dem Märchen, so zeigt der Ablauf der Geschichte, daß die einzelnen Vorfälle gleichsam der Ariadnefaden sind, der unseren Hans direkt und sicher ins Ziel leitet. Darin liegt die Herausforderung, aber auch die Chance für Hans im Glück. Er ist auf geheimnisvolle Weise mit den Geschehnissen auf seinem Weg identifiziert. Alle Zufälle ändern immer nur sein Lebensgepäck, und das heißt seine Einstellungen im Bewußtsein. Gerade so gelangt er stets näher ans gewünschte Ziel, bis er frei von aller Last wieder daheim bei seiner Mutter ist.

Es gibt nun kaum ein zutreffenderes Symbol für den Ablauf des Lebens als das Bild der durch die buntgestaltige Welt sich hinziehenden Wanderschaft. Mit sich, dem Weg und der Welt identifiziert, bleibt der Wanderer, wohin seine Füße ihn auch tragen, stets zu Hause. Er schärft seine Augen und Sinne und ist auf wunderbare Weise selbst alles, was ihm die Stunden des Tages geben, was ihm begegnet und was er aufnimmt: Blumen am Feldrain, nickend im Wind, zarte weiße Wolken am blauen Himmel, schattige Wälder, ein Brunnen am Wege, kleine Dörfer, Häuser hinter Stockrosen und Apfelbäumen.

So prall von Leben könnte das Wanderleben des Menschen mit dem mythischen Weltenbaum verglichen werden. Ganz im Sein aufgehoben, ist er wie die alte Kastanie, an der er vorüberzieht, tief in der Erde verwurzelt, gehört mit Wurzeln, Stamm und Ästen der Erde und dem Himmel samt dem Eichhorn, dem Vogelruf und dem Brausen der Winde.

Aber, so könnte man fragen, trifft dieser ganzheitliche Aspekt auch auf Hansens Wanderung zu? Vordergründig betrachtet, schiebt Hans seine Beine gleichmäßig vor sich her. Er setzt einen Fuß vor den anderen, kann den Kopf nicht gerade halten, die Schulter drückt ihn, und er denkt laut vor sich hin. Zum Reiter, der ihm begegnet, sagt er: »Es ist zwar Gold, aber man muß sich ordentlich mit ihm abschleppen.« Wiederum wäre zu fragen: Ist es, wie Hans sagt, der große Klumpen, der ihm auf die Schulter drückt, oder geht es ihm wie dem heiligen Christophorus, der ins Schwitzen kam, als er bemerkte, wen er auf seine Schulter genommen hatte? Nun ist ein Klumpen Gold nicht das lebendige Jesuskind, dennoch darf Gold als Inkorporation seelischer Kräfte oder als Materialisation der Ideale gelten, die Hans bei seinem Meister erlernte und die er von ihm übernommen hat.

Nach allgemeiner Meinung stellt Gold den höchsten und kostbarsten Wert dar. Insofern darf man Gold auch der ewig unzerstörbaren Formkraft unserer Seele, ihrem Innenzentrum, dem archetypischen Selbst, gleichsetzen. Dem Feuer, dem Licht der Sonne und der sommerlichen Hitze zugeordnet, als roter Löwe in der Alchimie Bild der materia prima, symbolisiert Gold Gott und seine göttlichen Eigenschaften. Lange vor Virgil, der Gold als Metapher für das vollkommene goldene Zeitalter einführte, leuchtet Gold – wie die goldene Abendsonne – als Verheißung der Endzeit in unserem Bewußtsein. Es ist für den religiösen Menschen irdischer Abglanz des goldenen himmlischen Jerusalems.

Nun schreitet Hans wohl auf den Abend zu, aber noch steht die Sonne für ihn hoch am Himmel. Auch wenn die symbolische Zuordnung mit der allgemeinen Tradition der Menschheit bis in die Gegenwart übereinstimmt, kümmert sie den sein Gold dahinschleppenden Hans im Glück nicht, während der Reiter, den Hans trifft, ganz im Sinne der Gier nach Besitz sofort bereit ist, Hans die goldene Last abzunehmen. Er steigt vom Roß herab, nimmt das Gold, hilft Hans hinauf, gibt ihm die Zügel fest in die Hand und sagt ihm, wie er's machen kann, wenn's beim Reiten recht geschwind zugehen soll. Betrachten wir die Gestalten, die Hans unterwegs begegnen, als Repräsentanten von Bestrebungen, die sich an der Wirklichkeit der Welt orientieren, so leitet der Reiter eine Sinnesänderung und damit die Entwicklung ein, die Hans im Ablauf des Märchens nimmt.

Hans, dem das Schleppen seines Goldklumpens

beschwerlich ist, mag dabei zu Beginn des Weges etwa einem Menschen gleichen, der unter dem Gebot eines erlernten Verhaltens (psychologisch den Anordnungen seiner Dressate) seine Kräfte in der Routine einer monotonen Tätigkeit verbraucht. Von Sachzwängen, wie es heute gerne heißt, erfaßt und in die Mühle genommen, müht er sich monoton ab. Goldene Worte oder schlimmer noch Ratschläge, die man bei solcher Gelegenheit ungebeten erhält, wie: »Ei, schaffe Se net so viel«, »denke Se an die Gesundheit«, hätte Hans wahrscheinlich nur mit einem Lächeln quittiert. Zum Glück werden solche Worte oder Ratschläge im Märchen nicht gegeben.

Bleiben wir bei der Annahme, daß Hans zu Beginn der Wanderung mit seinem Goldklumpen durch die Gegend tappt wie ein Tagelöhner auf seinem Weg ins Feld oder wie eine Bauersfrau, die an den Feierabend denkt, während sie Kartoffelsäcke buckelt, so könnten solche Beschäftigungen uns an Stunden im Alltag denken lassen, die, von Routine und Pflicht gelenkt, gleichmäßig und zäh dahinfließen. Der Lehrling hinter dem Ladentisch oder vor einer Drehbank schaut da mit keiner anderen Miene vor sich hin als vielleicht ein Amtmann, der gebeugt einen nicht enden wollenden Aktenberg durchblättert. Alle zusammen würden nicht bemerken, wo sie zu Hause sind, wie das Land, das Dorf oder die Stadt aussieht, in der sie leben, auch dann kaum, wenn sie, inzwischen modern und fortgeschritten, ihre Umwelt als Ferienparadies oder als Kulturzentrum zur Vermarktung anböten.

Ob wir nun Hans heißen, der Tagelöhner, die

Bäuerin, der Lehrling oder der Amtmann sind, hinter dem erlernten Routineverhalten auf dem Weg ins Erwachsenenalter thronen wie Könige in einem Schloß oder wie unnahbare Madonnen auf dunklen Altären unsere Ideale. Sie herrschen unerbittlich im Haus der Seele, verlangen vom Ich, daß all sein Tun dem Ideal gleicht oder ihm sehr nahe kommt, damit es vor der Majestät des Ideals als jemand erscheint, der den Ehrentitel Mensch zu tragen verdient.

Das Verlangen nach Gold und seine Bewunderung entspricht nun tatsächlich weitgehend der Macht oder dem Einfluß, den die Ideale und die von ihnen ausgehenden Idealisierungen auf uns ausüben. Sie verführen oder nötigen das Ich zu einer beständigen Anstrengung, zu einem, wie die alten Römer es ausdrückten: »per aspera ad astra«, das heißt (frei übersetzt): durch Not zum Sieg. Nun treiben die Ideale jedoch das gepeinigte Ich nicht nur zur beständigen Höchstleistung an, sondern nähren in der Seele zugleich die Überzeugung, daß der Wert, den wir für uns selbst und andere haben, allein von der Erfüllung der Ideale abhänge. Dabei gelangen wir nicht selten, ob wir's nun merken oder nicht, in die Nähe des edlen Ritters Don Quichotte, der Chimären in der Welt bekämpft, welche ihr Unwesen in ihm selbst treiben, während sein dicker Diener Sancho Pansa die Zinsen von einem Verhalten einkassieren möchte, das er als Vertreter der Realität belächelt. Sancho Pansa, den wir psychologisch als unseren Schattenbruder betrachten können, lebt ein verstoßenes Leben im Schatten der Ideale.

In der erbarmungslosen Schmiede der sozialen

Ziehanstalt in die Presse genommen, mit Hilfe des sogenannten Edlen, Wahren und Guten zu einem altruistischen Kunstprodukt verformt, zwingen die Ideale den Menschen, wie Kierkegaard sagt, in die Verzweiflung, nicht er selbst sein zu können. Denn lange bevor das Ich ein eigenes und selbständiges Urteil zu fällen vermag, ist der heranwachsende Mensch auf dem Weg einer verordneten Selbstwerdung den Dressaten seiner Umwelt, das heißt auch den Forderungen und Idealen der Menschen ausgesetzt, die er liebt und von deren Liebeserwiderung sein Leben in der entscheidenden Phase seiner Entwicklung abhängt.

Unter dem beständigen, meist unerfüllbaren Druck der Ideale leben wir, wie der Arzt und Psychologe Winnicott es ausdrückt, aus einem »falschen Selbst«, oder, wie der Dichter Matthias Claudius sagte: »Wir spinnen Luftgespinste und suchen viele Künste und kommen weiter von dem Ziel.«

Nun haben freilich die Gewohnheiten auch ihre freundliche und bequeme Seite. Die Erledigung der Pflichten gibt dem angepaßten Menschen eine Art Scheinsicherheit, die auf der Bestätigung oder, wenn er es besonders gut getroffen zu haben meint, in der lobenden Anerkennung durch Dritte liegt. Leider treiben wir uns damit auch im Alltag in eine beständige Hetze, leben, zur echten Muße unfähig, zuletzt in der Überzeugung, daß wir uns selbst auch den Feierabend zu verdienen haben. Deshalb fällt es uns so schwer, zu einer Einteilung der Kräfte, und das heißt zu einer Ordnung, zu kommen, die von den Aufgaben selbst und nicht von der Anerkennung abhängt, die wir uns davon versprechen und die unser falsches Selbst mit der Aufgabe verbindet.

Mag also der Klumpen Gold, den Hans auf seinen Schultern trägt, Bild der von seinem Ideal ausgehenden Erwartungen sein oder nichts anderes als eben einen Klumpen Gold darstellen, Hans ist dabei, durch einen raschen Entschluß die Last, die ihn drückt, abzuschütteln oder gegen etwas Nützliches einzutauschen. Da kommt ihm zur rechten Zeit der Reiter entgegen. Die Aussicht, auf seinem Wege plötzlich und ohne Mühe voranzukommen, ist Hans jedenfalls den Klumpen Gold wert. Was kümmern ihn da Ideale oder die Vorstellungen von anderen. Als Reiter zu Roß kann er den Weg machen, ohne an einen Stein zu stoßen oder die Schuhe zu strapazieren. Hans ist weder ein Philosoph noch ein Physiker, aber auch auf die Gefahr hin, sich bei der Interpretation zu vergaloppieren – könnte »auf dem Pferd reiten« etwa soviel heißen wie, die Sonnenenergie des Goldklumpens, die Hans hemmte, in die Bewegungsenergie von vier starken Pferdebeinen zu verwandeln, die ihm nun zu Dienst stehen sollen. Wohl wartet auf ihn sofort der nächste Zwischenfall, der den Fortgang der Geschichte und damit die Entwicklung von Hans im Glück vorantreiben wird. Mit der Hans vom Märchenerzähler zugestandenen Sorglosigkeit kann er jedoch die von ihm eingetauschte »Bewegungsenergie« – zumal wenn es sich um eine handeln sollte, die in seiner Seele liegt – noch nicht lenken. Jedenfalls läßt sich seelische Energie nicht nach dem Rezept eines Reiters lenken, dem das Pferd eben nichts als ein Pferd ist.

Was auch immer auf Hans zukommt, ein wichtiger Schritt ist getan. Auf seinem weiten Weg spielen die Erwartungen und Wünsche, die er mit anderen Menschen teilt, eine wichtige Rolle. Doch indem er diesen Wünschen nachgeht, liefert er sich und uns den Beweis, daß es um eine Revision dieser Vorstellungen geht. Mit seinen Handlungen widerlegt er nämlich die wohl auch in ihn eingepflanzten Normvorstellungen ebenso wie die heimlichen Wünsche, die im Gegensatz dazu stehen, und entwickelt so die Stärke, die ihn zuletzt ans gewünschte Ziel, zur Mutter zurückführen soll.

Gold für ein Pferd

Wie er so dahinging und immer ein Bein vor das andere setzte, kam ihm ein Reiter in die Augen, der frisch und fröhlich auf einem muntern Pferd vorbeitrabte. »Ach«, sprach Hans ganz laut, »was ist das Reiten ein schönes Ding! Da sitzt einer wie auf einem Stuhl, stößt sich an keinen Stein, spart die Schuh und kommt fort, er weiß nicht wie.«

Wer hätte sich nicht schon einmal oder öfters gewünscht, in einer bestimmten Situation bequemer und schneller voranzukommen? Ob wir über einer Aufgabe ins Schwitzen geraten, sei es über einer geistigen Anstrengung oder einer Handarbeit, die nicht zu Ende gehen will – also ob wir über Rechenaufgaben in der Schule oder beim Studium über einem philosophischen Buch sitzen, rechnen und lesen, ohne zu Rande zu kommen, oder in der Routine des Alltags uns beim Hausputz oder beim Umgraben eines Gartenstückes aufhalten – sicherlich auch, wenn wir uns auf einer Wanderung auf einem unbekannten Weg befinden, der auf einmal länger und länger wird – wer von uns wünschte sich da nicht, ohne weitere Mühen ans ferne und ersehnte Ziel zu gelangen? Dringliche und lebhafte Wünsche können nun ganz verschiedene Voraussetzungen und Motive haben.

Zunächst einmal kommt es darauf an, daß man es selbst ist, der sich wie Hans im Glück etwas wünscht. Man verhält sich nämlich bei Zielen, die einem von Dritten nahegelegt oder gar verordnet werden, ganz anders. Solche anempfohlenen fremden »Wünsche« haben im allgemeinen etwas mit Abhängigkeiten oder mit versteckten, manchmal auch mit direkten Anweisungen zu tun, hinter denen Umstände und Personen stehen, die auf uns Macht und Druck ausüben oder uns Furcht und Angst einflößen. Daran ändert sich nichts, wenn es sich hierbei um sozusagen nützliche Aufgaben oder Pflichten handeln sollte. Das Widerstreben, das uns hier überkommt, schwächt oder lähmt meistens die Eigeninitiative. Aufgaben und Herzenswünsche scheinen sich auszuschließen, jedenfalls pflegt die Initiative auch dann kaum oder wenig anzusteigen, wenn eine Sache durch Anstrengung rasch zu Ende gebracht werden könnte.

Wünsche haben stets etwas mit der Eigeninitiative zu tun. Ihre Quelle liegt in der Phantasie. Manchmal kann es eine Kinderphantasie sein, wie zum Beispiel im Stormschen Märchen die Geschichte vom kleinen Hävelmann. Hävelmann sitzt in seinem Bettchen mit dem ausgespannten Kinderhemd, in das der runde Mond aus vollen Backen bläst. Da fährt das Bettchen durch alle Räume rauf und runter, rauf und runter. Der Mond bläst und bläst, aber der kleine Hävelmann kann nicht genug bekommen. Wir pflegen solche Wünsche gerne als kindliche abzutun, aber Hand aufs Herz, wer trauerte solchen unerfüllbaren Wünschen nicht ganz im geheimen nach?

Eine andere, wohl die wichtigste Quelle, aus der

unsere Phantasie strömt, welche Wünsche wie die von Hans im Glück speist, ist die Sympathie mit den Dingen. Sie gibt uns ein, Seltsames und Wunderbares oder auch Gruseliges zu erleben, indem wir uns mit der Welt und ihren verschiedenen Akteuren identifizieren. Wir mögen uns, mit der Prinzessin oder dem Prinzen verbunden, in ein verwunschenes Schloß wagen, mit ihnen uns auf das Zauberroß schwingen, um der Hexe oder dem bösen Zauberer zu entkommen, oder wie in den Geschichten in Tausendundeiner Nacht uns zu dem Helden auf den Zauberteppich setzen, um nach Lust und Laune an die schönsten Flecken der Welt zu gelangen. Vielleicht auch möchten wir zum Neid und Erstaunen der Welt uns mit dem Lügenbaron Münchhausen auf die berühmte Kanonenkugel schwingen, um schneller, als ein Vogel fliegt, am Ziel zu sein. Die unerwartete Erfüllung von Wünschen erscheint uns stets als Glück. Auch Bewunderung und Neid scheinen das Glück zu würzen. Das Besondere am Glück liegt aber wohl in dem Gefühl, von Kräften getragen zu werden, die uns überlegen, aber wohlgesonnen sind, oder die ganz einfach unseren Anweisungen folgen. Das Wissen um die Dinge, auf die wir uns einlassen und mit denen wir umgehen, gibt oder ist eine positive Macht. Es ist die geheimnisvoll-magische Wurzel des Glücks. Zugleich schafft dieses Wissen eine Struktur. Die Struktur zeigt, wer König und wer Diener ist. Die identifikatorische Gleichsetzung von König und Diener, der psychologisch gesehen die Integration von Lenkung und Kraft oder auch von Ich und dem Unbewußten entspricht, stabilisiert das Geschehen. Sie bringt es in ein geheimnisvoll anmutendes Gleichgewicht, welches das Glück dauerhaft erscheinen läßt. Darum kommt, wer die Dinge wahrnimmt und auf sie hört, ob er will oder nicht, in die vorteilhafte Position, in der er sich als Glückskind fühlen darf.

Die Kraft zu wünschen birgt die Voraussetzung zum Glück. Vielleicht, so könnte man sagen, haben wir es deshalb so schwer mit dem Glück (und das Glück mit uns), weil wir so früh und so gründlich lernten, unsere Wünsche unter Kontrolle zu bringen oder auch auf sie zu verzichten. Nun pflegen Wünsche – solange Menschen leben – sich zu gleichen, es wechselt oftmals nur die Verkleidung. Wer möchte nicht wie in alten Zeiten wie ein Würdenträger, wie ein Statthalter, ein Kaiser, eine Prinzessin oder wie ein reicher Mann in einem bequemen Stuhl oder in einer Sänfte durch die Straßen der Stadt oder die Lande getragen werden? Wohl hätte dieser Wunsch für uns in der Gegenwart einen peinlichen Beigeschmack. Statt dessen wünschen wir uns mit guten Gefühlen, in einer schön gepolsterten Limousine zu fahren oder mit einem Flugzeug durch die Welt zu fliegen. Darin liegt prinzipiell nichts Anstößiges oder Anmaßendes. Außerdem bietet sich ja auch der Wunsch an, auf einem kräftigen und stolzen Pferd durch die Felder zu reiten. Das ist mittlerweile eine Art Volkssport geworden, vielleicht, weil (oder obgleich) die Erinnerung an magische Zeiten sich in dem allen Pferdeliebhabern bekannten Spruch erhalten hat: »Das Glück der Erde liegt auf dem Rücken der Pferde.«

Ob nun Hans im Glück ebenfalls diesen Spruch

gekannt hat oder nicht, der Märchenerzähler hebt in seiner Geschichte einen anderen Umstand hervor. Hans denkt stets ans Nächste, an das, was er gerade wahrnimmt, daß ein Reiter an keinen Stein anstößt und die Schuhsohlen schont, wobei er sich wie alle Glückskinder auf die auftauchenden Möglichkeiten und Anreize einstellt, die ihm mit den Umständen immer gerade entgegenkommen. Eben damit werden die Umstände zu Glücksumständen, liegt in dem Verhalten der Glückskinder etwas gewinnend Verführerisches, etwas Glückstiftendes. »Was ist das Reiten für ein schönes Ding! Da sitzt einer wie auf einem Stuhl, stößt keinen Stein, spart Schuh und kommt fort, er weiß nicht wie!«

Welcher Reiter, der seines Weges daherkommt, würde so etwas nicht gerne hören! Damit erfaßt Hans die Umstände aufs genaueste und bleibt doch ganz sicher bei sich selber. Er ist auf seltene Art ebenso mit sich (dem Wunsch: trag mich) wie mit der Welt des Reiters (Schuhsohlen sparen und vorankommen) identifiziert. Heißt das nun, daß in der Äußerung von Hans, die seinen direkten Wunsch ausdrückt, ebenso die Erinnerung an die Mutterarme lebt, die den kleinen Hans gleich allen Müttern gewiegt und getragen haben mögen – wie zugleich die Erinnerung an die von der Mutter ausgehenden Vorschriften und Befehle?

In dieser unbewußten Identifikation mit der Erwachsenenseite, mit den mütterlichen Vorschriften, liegt aber der Keim einer Entwicklung, die jeder fürchten muß. Wie, wenn sich der forschende Intellekt der Wünsche nach Schnelligkeit und Bequemlichkeit (Lebensstandard) annimmt? Wenn das Wissen nicht mehr dem Erhalt der tragenden Kultur dient (der ursprünglichen bäuerlichen Welt, aus der die Märchen stammen, oder der bürgerlichen Welt, die sie gesammelt hat), sondern wenn es sich verselbständigt, um zuletzt die von Hektik erfüllte technisch rationale Welt zu schaffen, die wir die fortschrittliche nennen? Bei einem alten Chinesen (es ist Dschuang Dsi) lesen wir in einer Geschichte, die er »Der Ziehbrunnen« überschrieben hat: »Ich habe vom Meister vernommen, daß es der Sinn der berufenen Heiligen ist, in allen Taten das Mögliche zu erstreben, mit möglichst wenig Kraftaufwand möglichst viel zu erreichen. Nun sehe ich, daß das ganz und gar nicht der Fall ist.«

Dabei bezieht sich Dschuang Dsi auf die folgende vorausgegangene Aussage: »Wenn einer Maschinen benutzt, so betreibt er all seine Geschäfte maschinenmäßig. Wer seine Geschäfte maschinenmäßig betreibt, der bekommt ein Maschinenherz. Wenn einer aber ein Maschinenherz in der Brust hat, dem geht die reine Einfalt verloren.« Solch einem Menschen fehlt nicht nur Weisheit, er ist auch unglücklich. Hans im Glück braucht sich von dem, was der chinesische Weise sagt, nicht angesprochen zu fühlen. Er behält in seinen Wünschen die Einfalt, die ihn in der Ordnung der Dinge läßt. Er verfügt über die Herzenskraft, welche ihn mit der Entwicklung der Dinge nicht nur zufrieden, sondern stets glücklich sein läßt.

Lebt nicht in uns eine Art von »verdrehtem« Hans im Glück? Sind wir nicht oft wie Kinder, welche die Natur lieben und schonen möchten, dabei aber ihre Benzinkutschen in Bewegung setzen, um auf solche Weise ihren Teil an der Verschmutzung der grünen Welt beizusteuern? Dabei müssen wir nicht einmal dem Rausch der Geschwindigkeit (der Hektik in uns) erliegen. Ohne es zu wollen, scheinen wir der einen wie der anderen Seite in uns zu gehorchen. Wir tun es, um auf eine komplizierte Weise das Glück, das wir suchen, nicht zu finden. Wer könnte der Entwicklung, die ebenso über wie in unseren Köpfen, die gegen wie mit unserem Herzen abläuft, entrinnen?

Ein Bild aus einem meiner Kinderbücher blieb fest in meinem Gedächtnis: Eine dicke qualmende Lok tuckert auf schwarzen Schienen bergan, während neben ihr auf einem Sträßchen ein kleines Auto seine Nase an der Lok vorbeigeschoben hat. Dazu die Reime: »Und das Auto frech und klein, will wohl gar noch schneller sein!« Es ist kein Zufall, daß dieses Bild zusammen mit dem Reim und einem freudigen Gefühl in meiner Erinnerung haften blieb. Auch ist es nicht nur das Lob des Fortschritts in einer fortschrittsgläubigen Zeit auf einem scheinbar harmlos naiven Bilderbuchniveau. Hänschen erlebt nicht nur, daß er vorn ist, wenn er seine Mutter (die Lok) überholt, er darf sich auf der Linie der Moderne sehen und zugleich aufgerufen fühlen, am Fortschritt der Welt mitzuwirken, der für ihn in der Teilnahme am Massenkonsum und in der Aufstellung von Geschwindigkeitsrekorden besteht.

Ungefähr in der Zeit, in der das Kinderbuch herauskam, erschien auch Ortega y Gassets »Aufstand der Massen«. Darin heißt es unter anderem: »Die Geschwindigkeit, da sie aus Raum und Zeit gemacht ist, ist nicht weniger geistlos als ihre Elemente; aber sie dient dazu, jene aufzuheben. Eine Dummheit kann nur durch eine andere bezwungen werden. Es war für den Menschen eine Ehrensache, über den kosmischen Raum und die wirkliche Zeit, die jedes Sinnes bar ist, zu triumphieren, und man braucht sich nicht zu wundern, wenn es uns ein kindliches Vergnügen macht, die leere Geschwindigkeit spielen zu lassen, die den Raum verschlingt und die Zeit tötet.« Dazu die Anmerkung im Text: »Weil der Mensch sterblich ist, muß er die Entfernung im Raum und das Versäumen in der Zeit besiegen. Für einen Gott, dessen Dasein unsterblich ist, hätte das Automobil keinen Sinn.«

Ich glaube nicht, daß eine Dummheit durch eine zweite zu besiegen ist. Vielmehr meine ich in Anlehnung an die Gedanken von Augustinus, daß Dummheit durch Dummheit bestraft wird. In uns allen steckt eine Entwicklung, welche nicht nur Hans, als er hopp hopp ruft, zu Fall bringt. Es scheint mir, als seien wir und die Welt von einem Absturz bedroht, falls wir nicht aufhören, dem Fortschritt und seinen Erfolgen nachzurennen. Wünsche können nicht nur Voraussetzungen für das Glück, sondern ebenso auch für unser Unglück sein.

Zu viel, zu wenig

Hans war seelenfroh, als er auf dem Pferde saß und so frank und frei dahinritt. Über ein Weilchen fiel's ihm ein, es sollte noch schneller gehen, und fing an, mit der Zunge zu schnalzen und hopp hopp zu rufen. Das Pferd setzte sich in starken Trab, und ehe sich's Hans versah, war er abgeworfen und lag in einem Graben, der die Äcker von der Landstraße trennte.

In diesem Zusammenhang erhebt sich nochmals die Frage nach der Angemessenheit beziehungsweise Abgestimmtheit von Wünschen. Das Glücksrad gehört wohl, wie wir wissen, zum Symbol der Glücksgöttin, dennoch fällt es uns schwer, anzuerkennen, daß Glück und Unglück sich ergänzende Ausschnitte innerhalb eines Vorganges sein sollen. Hängt nun unser menschliches Mißgeschick damit zusammen, daß wir das trennen wollen, was zusammengehört? Möchten wir wie die große Glücksgöttin oben sein, indem wir das Rad, auf dem sie schwebt, anhalten? Führen wir uns hier nicht zu oft dem Geschick gegenüber wie törichte Kinder auf, die in die Speichen eines sich drehenden Rades greifen, um es in ihren Besitz zu bringen? Läßt sich unser Mißgeschick möglicherweise dadurch erklären, daß wir den stets wogenden Kreislauf der Lebensvorgänge dadurch stören, daß wir ihn durch unser Wünschen in Frage stellen? Wären somit die Einstellungen unseres Ichs für das Unglück verantwortlich, das uns trifft? Spielen hier unser Nachdenken und Forschen eine ebenso verhängnisvolle, unglückbringende Rolle wie unser Streben nach Glück? Fängt nun unser Unglück nicht gerade damit an, daß wir von der Schlange im Paradies, wie die Bibel überliefert, zu gut unterscheiden gelernt haben, was gut und was böse ist? Sind wir also unglücklich, weil wir zu schnell vor dem weglaufen, was wir für unseren »Uhu« halten, um die »Nachtigall« zu fangen?

Hans im Glück scheint in dieser Beziehung klüger. Zwar »weiß« auch er immer, was er sich wünscht. Er wird aber von sich aus nie auf der Erfüllung der Wünsche bestehen. Hans wünscht sich niemals etwas, was außerhalb seines Umfeldes liegt. Er wünscht, was der glückbringende Augenblick verheißt, und überläßt die Erfüllung den Umständen. So ist für ihn das Glück immer da, und wenn sich das Rad dreht, dann kommt mit der weiteren Drehung das Glück für ihn wieder zum Vorschein.

Aus dem Gesagten ergibt sich folgerichtig, daß wir uns und den Lebenszusammenhang außer Gleichgewicht bringen, wenn wir begierig und blind auf dem Durchsetzen eines Wunsches bestehen. Das betrifft nicht nur unsere Einstellung zur Geschwindigkeit, sondern ebenso unser Verhältnis zu Hunger und Durst. Doch kommen wir nochmals auf die Einstellung zur Geschwindigkeit zurück. Dem Volksglauben nach hat Geschwindigkeit durchaus etwas mit Hexerei zu tun. Allgemein betrachtet, steht wie

Wenn Ihnen dieses Buch gefallen hat, legen Sie bestimmt Wert darauf, auch über unsere weitere Verlagsarbeit informiert zu werden. Wenn Sie uns diese Karte, mit Ihrer Anschrift versehen, zurückschicken, erhalten Sie regelmäßig und für Sie ganz unverbindlich unsere Verlagsinformationen zugeschickt. Sollten Sie an den Verlag besondere Wünsche haben, vermerken Sie dies bitte auf der Rückseite dieser Karte.

Kreuz Verlag AG Zürich

Name

Ort

Straße

(Die hier gemachten Angaben werden beim Verlag gespeichert)

Bitte als Postkarte freimachen

Werbeantwort

**Kreuz Verlag AG
Heimatstrasse 25**

CH-8008 Zürich

auch bei Hans im Glück Geschwindigkeit für das rasche Erreichen unserer Wünsche. Wohl als Nachklang kindlicher Größenvorstellungen werden wir im Erwachsenenalter durch sie in Richtung von Karriere, Ehrgeiz und Ruhm gewiesen. Wer »Spitze« sein möchte, wer schneller und schneller nach vorne kommen will, ist von Ehrgeiz besessen oder getrieben. Er braucht den Erfolg zu seiner Bestätigung. Der Erfolg wiederum ist der Sage nach ein bewährtes Mittel, das der »Böse« anwendet. Auf die Frage, wie es der Teufel anstellt, um auch die noch zu fangen, die bereits einigermaßen auf dem Weg der Tugend fortgeschritten sind, läßt Martin Buber in seiner Erzählung »Gog und Magog« den Helden so antworten: »Das ist ganz einfach. Der Teufel gibt ihnen die Ziele ein und läßt sie sie erreichen!«

Ohne Zweifel, durch das Expandieren der Wünsche geraten wir in deren Abhängigkeit. Die Folge hiervon ist, daß wir am Ende nicht froh, sondern traurig, nicht glücklich, sondern unglücklich sind. Überaus eindringlich und wohl, um uns zu warnen, führt ein griechischer Mythos uns das Schicksal des ebenso reichen wie unglücklichen Königs Midas vor Augen. Indem alles, was er anfaßt, unter seinen Fingern zu Gold wird, bringt die Gier nach Gold ihn zum Verhungern. Auch wenn wir nicht auf die Sage zurückgreifen, lehrt die Erfahrung, daß das Verhältnis des Menschen zu Besitz und Macht stets unheilvoll ist. Hierfür gibt es im Großen wie im Kleinen sehr viele Beispiele. Die Kehrseite von Macht- und Besitzstreben ist allemal unsere Abhängigkeit von Macht und Besitz. »Nichts ist schwerer zu ertragen als eine Reihe von guten Tagen«, meint das Sprichwort. Wir brauchen nur an unsere Konsumwünsche in der Gegenwart zu denken. Als gierige Verbraucher sind wir längst dem Konsumzwang unterlegen.

Was unsere Eßgewohnheiten betrifft, könnten wir generell sagen: Wer zu viel ißt, wird nicht satt, sondern auf die Dauer krank. Dem geht es wie dem reichen Mann aus Amsterdam aus der Kalendergeschichte von Johann Peter Hebel: Der Amsterdamer saß den ganzen Tag im Sessel, rauchte Tabak, aß zu Mittag aber wie ein Drescher, nahm am Nachmittag aus lauter Langeweile ohne Hunger und Appetit bald was Kaltes, bald was Warmes zu sich bis zum Abend, also daß man von ihm nicht sagen konnte, wo das Mittagessen aufhörte und das Nachtessen anfing. Er wurde dick, verdrossen, unbeholfen, bemühte eine große Schar von Ärzten, verschluckte zu den vielen Speisen eine Menge Medizin und konnte bald nicht mehr leben, sondern war auf dem Wege, im nächsten Jahr den Kuckuck nicht mehr zu hören. Das Schicksal des reichen Mannes nahm eine unerwartet positive Wende, als er lernte, seine Eßgier zu kontrollieren.

Ähnlich wie Johann Peter Hebel warnt auch Matthias Claudius auf seine ebenso schlichte wie eindringliche Art vor übertriebenen Kochkünsten. Er empfiehlt, zu einfachen Essensfreuden zurückzukehren, die den, der seinen guten Rat zu befolgen vermag, glücklicher als jeden Prasser und Schlemmer machen.

In seinem »Kartoffellied« heißt es:

»Und viel Pastet und Leckerbrot
verdirbt nur Blut und Magen.
Die Köche kochen lauter Not,
sie kochen uns viel eher tot,
ihr Herren, laßt euch sagen:

Schön rötlich die Kartoffeln sind
und weiß wie Alabaster.
Sie daun sich lieblich und geschwind
und sind für Mann und Frau und Kind
ein rechtes Magenpflaster.«

Jedenfalls weiß der Mäßige eher, was es heißt, auf gute Art satt zu sein. Darum sollte man den Hunger noch lange nicht für den besten Koch halten, auch wenn es der Volksmund so ausdrückt. Um ein wohliges, gutes Gefühl von Sattsein zu erreichen, muß man zuvor weder durch Krankheiten gegangen sein wie der reiche Amsterdamer noch durch Not- und Kriegszeiten, in welchen grimmiger Hunger herrschte. Es darf einem aber auch nicht wie dem von den Göttern bestraften griechischen König Tantalus gehen, dessen Höllenqualen darin bestanden, daß er schönste Trauben und Speisen vor Augen hatte, ohne sie verzehren zu dürfen. Umgekehrt stellt uns die Phantasie den Himmel als einen Ort dar, in dem wir der Not der Bedürfnisbefriedigung enthoben sind. Es ist ein Ort, der, wie alle Mythen künden, von jedem Mangel befreit ist.

So werden wir mit der Befriedigung unserer Eßbedürfnisse an goldene paradiesische Zeiten erinnert. Es ist, als würde mit dem Mythos zugleich die Erinnerung an ferne Zeiten einer glücklichen Kindheit mitschwingen. Zu diesem Glück gehört, daß unser Hunger stets gestillt wurde, wenn wir hungrig waren; es ist, als wäre in der Kindheit das Essen immer gerade dann auf den Tisch gekommen, wenn wir uns hungrig fühlten.

Später sollten wir dann noch warten lernen und erfahren, daß der Hunger der beste Koch ist. Damit kann ich mich höchstens halb einverstanden erklären. Ich meine, daß es darauf ankommt, die Befriedigung eines jeden Wunsches so einzurichten, daß er stets die Erfüllung eines Gegenwunsches erlaubt, den er voraussetzt und miteinschließt. Wenn dies gelingt, tut sich etwas Geheimnisvolles auf. Wir dürfen uns gleichsam wieder an den Tisch des Lebens geladen fühlen, um mit dem Genuß der Speisen etwas Sonderbares und Neues zu erfahren. Dieses sonderbar Neue betrifft nun nicht allein die Körperorgane, Augen, Mund und Magen, sondern das Gemüt. Es betrifft, wenn wir uns auf Hans im Glück einlassen wollen, unser Herz!

Ein Pferd für eine Kuh

»Nun«, sprach der Bauer, »geschieht Euch so ein großer Gefallen, so will ich Euch wohl die Kuh für das Pferd vertauschen.« Hans willigte mit tausend Freuden ein: Der Bauer schwang sich aufs Pferd und ritt eilig davon.

Hans trieb seine Kuh ruhig vor sich her und bedachte den glücklichen Handel. »Hab ich nur ein Stück Brot, und daran wird mir's doch nicht fehlen, so kann ich, sooft mir's beliebt, Butter und Käse dazu essen; hab ich Durst, so melke ich meine Kuh und trinke Milch. Herz, was verlangst du mehr?«

Mit der Befriedigung von Hunger und Durst lenkt der Märchenerzähler die Aufmerksamkeit wohl auf das zentralste Bedürfnis des Menschen, das er zugleich als das allerselbstverständlichste hinstellt. »An einem Stück Brot wird's doch nimmer fehlen«, heißt es lapidar im Text, ehe Hans weitere Wünsche äußert.

Wohl soll, wie es heißt, die Liebe durch den Magen gehen. Aber nehmen wir Hans im Glück beim Wort, so meint er mit der Kuh, die er gerade eingetauscht hat, sicherlich nicht nur die Zufriedenheit, die das Sattessen und Satttrinken bescheren. Hans »weiß«, wie ich glaube, daß der Magen immer nur satt werden kann, wenn das Herz hierüber glücklich wird. So geht es Hans um das im Gemüt angesiedelte Glück, welches das Herz bewegt.

Diese für das Glück zentrale Problematik ist unlöslich mit der Gestalt der Mutter verbunden. Dabei entdecken wir sofort, daß mit dem Stichwort Mutter ein Lebensbereich umschrieben ist, der sich nicht nur auf Versorgungsaspekte beschränken läßt. Das gilt auch für »seine Kuh«, die Hans gegen das Pferd eingetauscht hat.

Die Kuh repräsentiert, wie wir wissen, seit Menschengedenken das Mütterliche. Sie gilt als Verkörperung der Urkraft, die das Leben trägt, gebiert und nährt. In den Mythen ist die Kuh als heiliges Tier das bedeutendste Symbol der Mutter. In Gestalt der Hathor und Isis wurde die Kuh im alten Ägypten als Himmelsgöttin verehrt. Im Mythos von der göttlichen Geburt des Königs säugt die Hathorkuh den jungen Herrscher. In unserem Märchen pointiert Hans, wie es seine Art ist, an der Kuh lediglich das für ihn Naheliegende und Bekannte. Er bleibt in den Vorstellungen der ihn umgebenden bäuerlichen Welt, der er sich als Handwerksbursche verbunden fühlen darf. Hoch erfreut über den gelungenen Tausch, feiert er sein neugewonnenes Glück. Er verzehrt in der Wirtschaft alles, was er bei sich hat, auf einmal: sein Morgen- und Abendbrot, um sich nach Herzenslust satt zu essen. Von nun an ist Hans, wo immer er sich befindet, bei seiner Mutter. Er hat in Gestalt der Kuh sein Tischleindeckdich stets bei sich. Zum wahren Märchenhelden gehört, daß er nach Belieben stets große Mengen essen kann.

Aber Hans versteht sich keineswegs nur aufs Wünschen und Nehmen. Seinem Naturell nach ist er jemand, der ebenso selbstverständlich und freudig hergeben kann, was er hat. Als Parallele zu Hans im Glück könnte einem das fromme Sterntalerkind einfallen, das wie die Figur des Hans im Glück gerne die bürgerlichen Kinderzimmer schmückt. Auch das Sterntalerkind schenkt selbstverständlich alles her, bis es am Abend nackt in einen dunklen Wald eintritt, um seine Sterntaler in einem dazu geschenkten Röckchen zu erhalten.

Wenn es wahr ist, daß Hergeben seliger als Nehmen ist, so mögen sich hiermit ebenfalls Erinnerungen aus der frühesten Kindheit verbinden: Die wohl einschneidendste Erinnerung ist, wie auch die Mythen übereinstimmend überliefern, die gleichsam paradiesische Beglückung, welche das Saugen an der Mutterbrust mit der Gabe der Milch in uns auslöste. Wahrscheinlich vermag jedes Geben in der Tiefe unserer Seele die Seligkeit solchen Beschenktwerdens wieder in uns wachzurufen. So ist es nicht auszuschließen, daß die Antizipation dieses Beschenktwerdens in uns weiterlebt, wenn wir als Erwachsene später weitergeben oder schenken.

Hans im Glück hat etwas von der Unwiderstehlichkeit des Gebens. Sein Geben ist von einer geradezu verführerischen Selbstverständlichkeit. Mit den Umständen und dem, was ihm da entgegenkommt, identifiziert, gibt er jeweils ohne Zögern, was der andere ihm nahelegt oder von ihm will.

Wiederum dürfen wir uns an die Zeiten der frühesten Kindheit zurückerinnern. Von einer Mutter umhegt gewesen zu sein, die sich nicht nur nach unserem Hunger richtete, sondern die alle unsere Bedürfnisse wahrnahm und liebevoll befriedigte, das bestimmt grundlegend unser Verhältnis zum Leben. Wir schließen aus der Art, wie sie unseren Hunger stillte und uns umsorgte, aber nicht nur aufs Geben. Wie schwer und ungewöhnlich unser Leben auch einmal abläuft, wir lernen die Welt mit den Augen zu sehen, mit welchen wir von der Mutter angeschaut wurden. Der Einfluß, den die Mutter von Geburt an auf die Entwicklung des Kindes ausübt, bestimmt wesentlich seine künftige Entwicklung. Die Mutter entscheidet damit vor allem über den Weg des Menschen in die Gesellschaft und über sein angepaßtes oder nicht angepaßtes soziales Verhalten. Zahlreiches Brauchtum hat hier seine Wurzeln.

Der Psychoanalytiker Erikson, der das Urvertrauen zum Leben als die entscheidende Grundlage für eine gesunde psychische Entwicklung hervorgehoben hat, gibt hierfür folgendes Beispiel, das für viele stehen soll: Um dem Neugeborenen zu zeigen, daß es sicher und vertrauensvoll heranwachsen möge, sammeln die Mütter eines bestimmten Indianerstammes die gerade aufsprießenden Kräuter der Savanne, pressen einen Saft daraus und bieten ihn dem Neugeborenen als Willkommensgruß des Lebens dar. Selbst im Erwachsenenalter greifen wir auch in unserem europäischen Volksbrauchtum auf ähnliche Erfahrungen zurück. So hat zum Beispiel eine jungvermählte Braut beim Eintritt ins neue Haus von allen dargebotenen Speisen kräftig zu essen, damit sie später nicht eine geizige Hausfrau wird. Die Darbietung der Speisen und die erwartete moralische Rückkoppelung gehört zum Standardwissen der Menschheit. Verkürzt und durchaus provokativ formuliert der Dichter Bertolt Brecht den Sachverhalt so: »Ihr Herrn, wie ihr's immer dreht und wendet, erst kommt das Fressen, dann kommt die Moral.«

Hans im Glück muß jedenfalls eine glückliche Mutter gehabt haben, die ihrem Hänschen niemals Essen statt Liebe gab. Wir dürfen uns Hansens Mutter als eine gesunde und fröhliche Frau vorstellen. Eher einfach und häuslich, hilft sie ihrem Sohn auf die selbstverständlichste und natürlichste Art bei der Befriedigung seiner Bedürfnisse. So öffnet sie ihm aber nicht nur den Weg ins Leben, sondern, wie ich glaube, auch den Weg zurück, ohne ihn zu binden. Doch hiervon später. – Die Mutter schenkte ihrem Hans die Fähigkeit oder – was dasselbe ist – das Glück, stets mitten im Leben zu sein, das Leben zu genießen, es, wie Johann Peter Hebel es einmal ausdrückt, »früdig verbruche«, ohne es ängstlich an sich zu binden. So entwächst Hans der Mutter. Er findet sich im Leben und er findet im Leben sich, indem er alles, was das Leben ihm gibt, zurückschenkt.

Hierzu abschließend der Traum eines jungen Mannes, der, aus einer tiefen Regression befreit, sich wie Hans im Glück auf dem Weg zu sich selbst findet. Er träumt: »Ich befinde mich in einem verschneiten Berggelände. Ich fahre auf Skiern einen steilen Berg hinunter, ohne mich an einem Wettkampf nebenan zu beteiligen. Ich übernachte unten mit anderen in einem Raum. Am Morgen sollen wir durch eine Kuh durchkriechen. Ich zeige dem Bauer, daß ich dafür zu groß bin. Dann gehe ich spazieren. Von einem Bauerngehöft kommt mir ein Mann entgegen, der ein Schwein an einer langen Leine führt. Ich bin etwas ängstlich, von dem Tier gebissen zu werden. Mache einen Bogen und komme schließlich an dem Schwein vorbei.«

Der junge Mann verbindet mit der Kuh die Versorgung, wobei er die Kuh, wie er sagt, politisch zum konservativen Bereich zählt. Dem Versorgungsbereich fühlt er sich entwachsen.

Das Schwein repräsentiert als junges aggressives Tier die gefährlichen Aspekte der jungmännlichen Natur. Es wird von einem Bauer als der Verkörperung natürlicher männlicher Kräfte an langer Leine geführt.

Ohne die vielfältigen Bezüge zu erörtern, kann der Traum so interpretiert und verstanden werden: Auf dem Weg zu sich vermag der Träumer sich aus dem konservativ mütterlichen Bereich bereits zu lösen, während er um das aggressive Männliche respektvoll einen Bogen schlägt, das er an langer Leine in väterlicher Hut weiß.

Übereinstimmung mit sich selbst

Hans suchte seine Glieder zusammen und machte sich wieder auf die Beine. Er war aber verdrießlich und sprach zu dem Bauer: »Es ist ein schlechter Spaß, das Reiten, zumal wenn man auf so eine Mähre gerät wie diese, die stößt und einen herabwirft, daß man den Hals brechen kann; ich setze mich nun und nimmermehr wieder auf.«

Das Glück, von dem unser Märchen handelt, bietet stets neue, überraschende Aspekte für die Interpretation. Es erscheint beispielsweise in der ebenso bemerkenswerten wie trivialen Sonderform als ein sogenanntes Glück im Unglück. Man pflegt sich in diesem Falle damit zu beschwichtigen, daß abgesehen von einer kaputten Vase, einem »Blechschaden«, einer Beule an Armen oder Schultern oder sonstigem Mißgeschick nichts Schlimmeres passiert ist. Man ist glücklich, weil den Umständen entsprechend ein größeres Unglück vermieden wurde.

Was Hans betrifft, so scheint es sich in erster Linie um mißlungene Tauschgeschäfte zu handeln. So gibt er gleich zu Beginn seiner Wanderung seinen Goldklumpen für ein Pferd her, worüber jeder Mitmensch, der Besitz und Marktlage achtet, die Hände überm Kopf zusammenschlagen würde, dann stürzt er vom Pferd. So kann der Beginn des Märchens schon als eine Provokation für alle gelten – für Hans im Glück ebenso wie für den Hörer oder Leser des Märchens. Immerhin bleibt, wie der weitere Ablauf der Handlung zeigt, Hans sich treu. Er sucht seine Glieder zusammen, macht sich auf die Beine und weiß sofort eine Erklärung für den Sturz, auch wenn wir sein Argument nicht anerkennen. Hans rückt uns damit dennoch näher. Wir haben es, wie die Erfahrung zeigt, mit einem Menschen zu tun, der – wie menschlich mutet es uns doch an – den Grund für sein Versagen nicht sich selbst, sondern den widrigen Umständen zuschreibt. Nicht die mangelnde Reitkunst, das muntere Hopphopp sind an Hansens Mißgeschick schuld, sondern die stoßende Mähre, die ihm beinahe noch einen Genickbruch beschert hätte. So betrachtet, hat Hans wirklich noch Glück. Diese Einschätzung der Situation wird nun allerdings Hans im Glück nicht gerecht. Gerade noch Glück gehabt zu haben entspricht nicht seiner Natur und seinem Wesen. Er ist einem Menschen, der in einer vergleichbaren Situation wie er froh gewesen wäre, noch davongekommen zu sein, weit überlegen. Hans im Glück lebt aus der Mitte, die zugleich die Mitte der Welt ist. Er kann verdrießlich sein, aber selbst wenn er sich das Genick brechen würde, nicht unglücklich. (Als Toter wäre er eben gleich dort angekommen, wohin es ihn, wie die Geschichte wohl zeigt, auf seiner Wanderung beharrlich hinzieht.) Der nach außen von Verlusten markierte Weg, den Hans als inneren Gewinn betrachtet, kann das Gemeinte deutlich machen.

Psychologisch gesehen, lebt Hans in Übereinstimmung mit sich selbst. Allerdings dürften die Kategorien der Psychologie bei der Beschreibung von Hansens Wesen eher zu kurz greifen. Hans im Glück ist jedenfalls kein Narzißt. Er ist bestenfalls ein von der mütterlichen Seelenkraft inspirierter Gefolgsmann der Mutter, ein ewiger Jüngling oder – wenn wir es durchaus psychologisch ausdrücken möchten – eine Art puer aeternus. Als solcher findet er die Richtschnur des Handelns, welche ihn bei allen Zufällen leitet, in sich und durch sich selber. Was Hans nicht gefällt, das macht er nicht. Auch wenn er sich nach dem anderen richtet, richtet er sich nach seinem eigenen inneren Plan. Intensiv auf die Welt bezogen, weiß er, das zu seinem Plan Passende herauszufinden und durchzusetzen. Er lebt aus einem – wie Erikson es formulieren würde – ungestörten Urvertrauen. Das Urvertrauen gibt Hans die Kraft, in die Welt hinauszuwandern. Es leitet ihn auf seinem Wanderweg und bringt ihn schließlich zu seinem Ausgangspunkt zurück, ins Dorf der Mutter, zu seiner Mutter.

Das Vertrauen zu sich selbst läßt Hans eben auch nur eine Weile verdrießlich sein, wie wenn die Verdrießlichkeit ebenfalls im Dienst des Selbstbewußtseins bei ihm stünde. Es ist, als ob Hansens Selbstvertrauen so stark wäre, daß es das Glück eben auf sich zieht, so als fühle sich das Glück umgekehrt seinerseits Hans verpflichtet. Auch der Sturz vom Pferd hat hier seine eigentliche, »glückliche« Bedeutung. Er läßt Hans gleichsam die Argumente vergessen, die ihn zum Tausch des Pferdes gegen das Gold animierten. Den Druck auf den Schultern von der Last des

Goldes ist er los. Dafür war der Tausch des Pferdes allemal gut. Sollte er jetzt, da er wieder auf den Beinen steht, der Erwartung, vom großen Pferd getragen zu werden, ohne mit den Schuhen an die Steine zu stoßen, noch weiter nachhängen oder gar nachtrauern? Zur rechten Zeit ist der Bauer erschienen, der seine Mähre aufhält und eine Kuh vor sich hertreibt. Hinter dem langsamen Tier könnte er, wie es nun um ihn steht, gemächlich hertraben und würde außerdem noch versorgt. Was gäbe er darum, wenn er diese Kuh hätte! Der Bauer, der seine Kuh einzuschätzen weiß, ist mit dem Vorschlag von Hans sofort einverstanden. Er schwingt sich aufs Pferd und reitet eilig davon.

So gelangt Hans unvermittelt wieder in den erwarteten Glückszustand. Er gerät sozusagen von den Pferdemuskeln, die ihn trugen, an die Brust der Mutter Kuh, die ihn nun säugen soll. Auf dem Weg zum Dorf der wahren Mutter erschließt sich ihm, wie es scheint, ein neues herzbewegendes Glück. Es ist jenes Glück, das, solange Menschen leben, in der Zeit der frühen Kindheit angesiedelt wird. Wenn er schon nicht mehr »gehobt« werden soll, wie die hessischen Bauern es heißen, wenn sie ein Kleinkind in die Arme schließen und es vor sich hintragen, dann darf Hans nun wohl im glücklichen Besitz einer Kuh die ebenso natürliche wie fraglos selbstverständliche Erfüllung seiner Nahrungsbedürfnisse erwarten.

»Herz, was begehrst du mehr«, läßt der Märchenerzähler seinen Hans ausrufen und führt die Erzählung konsequent so weiter: »Als Hans zu einem Wirtshaus kam, machte er halt, aß in der großen Freude alles, was er bei sich hatte, sein Mittags- und Abendbrot, rein auf und ließ sich für seine letzten paar Heller ein halbes Bier einschenken. Dann trieb er seine Kuh weiter, immer nach dem Dorf der Mutter zu.«

Er gelangt in eine Heide und spürt die Hitze des Tages, doch hat er im Besitz der Kuh nicht ausgesorgt? Der Augenblick ist da, in dem Hans die Bestätigung seines Glücks gedanklich vorwegnimmt: »Jetzt will ich meine Kuh melken und mich an der Milch laben.« Jeder, der wie Hans unter der Sonne über die Heide gewandert ist, bis es ihm ganz heiß ward, so daß ihm die Zunge am Gaumen klebte, weiß, was es heißt, endlich den Durst stillen zu können.

Verweilen wir einen Augenblick bei dem von Hans gedanklich antizipierten Glück. Den Durst zu befriedigen steht als elementares Erlebnis wohl noch vor der Befriedigung des Hungers. Beide wenn möglich ohne eigene Mühe zu befriedigen, das gehört zu den Grundphantasien der Menschheit. Sie leben in vielen Sagen und Märchen, so etwa in dem bekannten Märchen vom fernen Schlaraffenland. Die Erinnerung daran, wie zufrieden und glücklich die Jahre der Kindheit gewesen sein mögen, als unser Hunger und Durst befriedigt wurden, begleitet uns durch unser ganzes Leben. In der Gegenwart pflegt der Mensch mehr oder weniger bewußt entsprechende Erwartungen und Wünsche in die Welt derer zu übertragen, die sich etwa im Besitz einer festen Dividende oder einer sicheren Rente befinden. »Da löst sich ganz von selbst das Glücksproblem«, denn – wie Brecht den Ganoven in der Dreigroschenoper singen läßt – »nur wer im Wohlstand lebt, lebt angenehm«. Die Verse stechen dem braven Mann ebenso ins Ohr, wie sie ihm schmeicheln. Sie versetzen ihn in die Welt derer, die im Besitz einer Rente – das Märchen spricht von der Milchkuh – sozusagen ausgesorgt haben. Es wären auf die Gegenwart bezogen Leute, die ihre Coupons schnippeln und sich's gutgehen lassen wie Hans, der seine Kuh zu melken gedenkt. Es könnten ebenso Leute sein, die in ihrem Schrebergärtchen gruschteln, während die »Mutti« zu Hause das Essen zubereitet. (Die sonnige Bank im Park, auf der Großmutter und Großvater sitzen, um dem Flanieren der jungen Leute oder dem Spiel der Enkel zuzuschauen, möchte man im Blick auf die nicht – oder noch nicht – gelebten Ansprüche ans Leben eher ausklammern. Man bleibt lieber jung und heftet die Idylle von Großmutter und Großvater einstweilen ins Familienalbum.)

Auch wenn die nun folgenden Gedankengänge eher außerhalb der Perspektive des Märchens zu liegen scheinen, ließe sich doch unterstellen, daß, auf die Verhältnisse und unsere Gesellschaft übertragen, Hans im Glück mit seinen Vorstellungen, Erwartungen und seiner Kuh gleichsam den Stand eines »Früh«-Rentners vorwegnimmt. Er hat, wie wir wissen, seinem Herrn sieben Jahre treu gedient, er hätte damit, so könnte man weiter argumentieren, seinen Beitrag für die Gesellschaft erbracht. (Nebenbei erwähnt, sind in unserem Staat fünf Jahre Erwerbstätigkeit die Grundvoraussetzung für den Erwerb einer Frührente.) Die Erwartung, den Stand eines Frührentners zu erlangen, respektive früh ausgesorgt zu haben, ist in unserer Gesellschaft eher allgemein. Sie kontrastiert mit der in unserer durchorganisierten, von Hektik erfüllten Zeit ebenfalls weit verbreiteten Vorstellung, man komme auf die Welt, um die Bestätigung der Existenz durch Arbeit und Leistung zu gewinnen. Auch wenn von solchen Überlegungen im Märchen keine Rede sein kann – sie liegen ebenso außerhalb des Lebenskonzepts von Hans wie der Lebensphilosophie des erzählten Märchens –, Hans ist, wie man es modern ausdrücken könnte, frei davon, seine Lebenskraft durch lebenslanges Werkeln oder durch das Vermehren von Kapital zu verschwenden. Insofern wäre man wohl auch gerne ein Hans im Glück.

Dies ist aber nur ein sehr vordergründiger Aspekt, der den Intentionen des Märchenerzählers nicht gerecht wird. Hans im Glück bleibt auf seinem Wanderweg, der ihn symbolisch zu sich selbst führt, nichts erspart. Charakteristisch für Hans ist nun, daß er die ihm auferlegten Prüfungen nicht nur praktisch widerspruchslos annimmt und verkraftet, sondern gleichsam als Schritte auf dem von ihm gewählten Lebensweg auffaßt. Frei von Erwerbsgier als der allgemein verbreiteten Form menschlichen Machtstrebens, arbeitet Hans im Glück nie in die eigene Tasche. Er lebt in Einklang mit seinem Naturell, und das heißt: so wie sein Herz es ihn fühlen und seine Sinne es ihn wahrnehmen lassen. Treu, wie er seinem Herrn diente, verfolgt er nun sich selbst treu den Weg ins Dorf der Mutter. Dabei geht es nicht etwa um ein bewußt geplantes, vom Ich kalkuliertes Unternehmen.

In einen natürlichen Lebenszusammenhang eingebettet, wird Hans auf dem Weg nach Hause – so lautet wohl die indirekte Botschaft des Märchens – seine Erfahrungen aus der frühen Kindheit wiederholen. Er wird sie nach und nach als unbrauchbar erkennen, um zuletzt die steinerne Last abzuwerfen, die er geduldig bis zum Feldbrunnen trug. Das heißt, daß wir den Handlungsablauf im Märchen stets auch als Ausdruck einer Wirklichkeit betrachten sollten, die über die Alltagsaktualität ins Allgemeine und Symbolische verweist.

Hans war wahrscheinlich ein Einzelkind, jedenfalls wohl ein von der Mutter erwünschter, liebevoll umsorgter Sohn, der mit der Muttermilch reichlich Liebe aufgesogen hat. Liebevoll umsorgt zu sein, immer etwas zum Beißen zu haben, das gehört also zu den Leitmotiven von Hansens Leben. Sie sind wie eine Grunderfahrung, die wie der Hintergrund auf alten Ikonen den goldenen Hintergrund von Hansens Glück bilden. Seine Geduld, Ausdauer und Kraft sind ungewöhnlich. So kann Hans im Glück allerhand zustoßen. Er kann vom Pferd stürzen, kann von der Kuh einen Schlag gegen den Kopf erhalten, daß er zu Boden taumelt und eine Zeitlang ohne Besinnung ist: An seiner Einstellung zu sich und der Welt ändern solche Zwischenfälle nichts. Vom Mißgeschick geschüttelt und in die Zange genommen, gibt er vielmehr, was er gerade eintauschte, stets mit um so freudigerem Herzen her. Er tauscht also bald die Kuh gegen das Schwein, später das Schwein gegen die Gans und so weiter, wobei er das Leitmotiv seines Lebens, immer etwas zum Beißen zu haben, wie selbstverständlich beibehält. Er bleibt nach außen, wie er ist, und ändert höchstens den Speisezettel.

Glück im Unglück

Er band die Kuh an einen dürren Baum, und da er keinen Eimer hatte, so stellte er seine Ledermütze unter, aber wie er sich auch bemühte, es kam kein Tropfen Milch zum Vorschein. Und weil er sich ungeschickt dabei anstellte, so gab ihm das ungeduldige Tier endlich mit einem der Hinterfüße einen solchen Schlag vor den Kopf, daß er zu Boden taumelte und eine Zeitlang sich gar nicht besinnen konnte, wo er war. Glücklicherweise kam gerade ein Metzger des Weges, der auf einem Schubkarren ein junges Schwein liegen hatte. »Was sind das für Streiche!« rief er und half dem guten Hans auf.

Der Metzger reichte ihm seine Flasche und sprach: »Da trinkt einmal und erholt Euch. Die Kuh will wohl keine Milch geben, das ist ein altes Tier, das höchstens noch zum Ziehen taugt oder zum Schlachten.« – »Ei, ei«, sprach Hans und strich sich die Haare über den Kopf, »wer hätte das gedacht!«

Von dem ungeduldigen Tier einen Schlag gegen den Kopf zu bekommen, daß man zu Boden taumelt und sich eine Zeitlang nicht besinnen kann, ist ein mißliches Geschick. Aber, so können wir von Hans lernen, alles, was uns zustößt, bleibt auch eine

Sache der Interpretation. Er streicht sich die Haare über den Kopf, ist gleich wieder auf den Beinen und bei der Sache. Eine alte Kuh gibt keine Milch, dann darf eben das junge Schwein mit saftigem Fleisch und Würsten herhalten. Vom Schlag gegen den Kopf ist keine Rede mehr. Außerdem hat ihm der Glückszufall einen Metzger über den Weg geführt. Der tauscht ihm gerne die Kuh gegen das Schwein ein. Darf Hans mit dem Tausch nicht zufrieden sein? Man könnte hier vielleicht die Frage stellen, ob Hans aus dem, was gerade immer vorfällt, etwas lernt, oder ob es nicht vielmehr zu seinem Glück gehört, daß er sich selbst unter allen Umständen immer treu bleibt.

Die grundsätzliche Frage sollte deshalb eher lauten: Hat ein Hans im Glück es nötig, dazuzulernen, oder sind es nicht eher wir, die über den Ablauf des Märchens etwas von Hans zu lernen haben?

Die Reaktionen auf ein Mißgeschick können so verschieden ausfallen wie die Menschen auch. Einem Hypochonder würde vielleicht nach dem Vorfall mit der Kuh tagelang der Schädel brummen. Der Mißmutige würde über das für ihn große Unglück ins Grübeln geraten. In unserer Zeit würde ein Krankenversicherter mit ziemlicher Wahrscheinlichkeit depressiv werden, genauer und ärztlicher formuliert, ein psychosomatisches Krankheitsbild entwickeln. Ein Streitsüchtiger nach Art des Michael Kohlhaas würde seinem vermutlichen Recht nachrennen, in der Hoffnung, den Reiter zu finden, durch den er sich reingelegt fühlt.

Hans im Glück ist von solchen Torheiten weit entfernt. Er hat sein festes inneres Ziel, nach dem er sich richtet, und eben diesem inneren Ziel ordnen sich die äußeren Umstände bei ihm unter. Auch dies ist oder scheint eine Sache der Interpretation. Für Hans bedeutet jedes Mißgeschick einen Ruck zu sich selbst, was soviel wie ein Ruck nach vorne ist, der ihn wieder zur Mutter bringt. So wandert er auf leichten Schuhen fröhlich durch die rauhe Welt wie über eine blinkende Au, die hell im Sommer steht. Gibt es das eine nicht, so stellt sich ein anderes ein. Sein Weg ist von glücklichen Zufällen umsäumt, die ihm wie Blumen freundlich zunicken.

Hier stellt sich die grundsätzliche Frage: Kann eine Haltung oder Einstellung zum Leben, wie Hans sie hat, gelernt werden? Könnte hier zum Beispiel eine »Glücksschulung« weiterhelfen? Bekanntlich werden in unserer Zeit vielfach Schulungen eingerichtet, um ein bestimmtes Ziel zu erreichen. Oder bleibt, was Hans im Glück auszeichnet, eine Märchenvorstellung, ein Postulat der Philosophie von Weisen oder vielleicht auch von Heiligen?

Die Definition von Glück, die uns der Philosoph Georg Friedrich Hegel gibt, hört sich fast einfach an und ist doch nur schwer oder kaum zu begreifen. Ich entnehme sie dem Hegel-Lexikon, das der Philosoph H. Glockner herausgebracht hat. Danach ist »derjenige glücklich, welcher sein Dasein seinem besonderen Charakter, Wollen und Willkür angemessen hat und so in seinem Dasein sich selbst genießt. Die Weltgeschichte ist nicht der Boden des Glücks. Die Perioden des Glücks sind leere Blätter in ihr; denn sie sind die Perioden der Zustimmung des fehlenden Gegensatzes.« Diese letzte, wirklich sehr philosophische Schlußfolgerung könnte den Beflissenen zu einem tiefgreifenden Exkurs über die Systemphilosophie Hegels veranlassen. Offensichtlich meint der Philosoph, daß Auseinandersetzung (in der philosophischen Sprache These und Antithese) für das Erreichen eines neuen Schrittes im Leben erforderlich ist. Wegen seiner Vorbedingung, die »das Glück ruht in sich, es genießt sich selbst« lautet, kann nun aber das Glück im landläufigen Sinne nicht zustande kommen. Zum Glück im landläufigen Sinne rechnen wir meist »das Glück des Tüchtigen«. Hans im Glück würde zu solchen Überlegungen nur den Kopf schütteln, und meine inzwischen lange verstorbene Wirtin aus der Studentenzeit würde lakonisch erwidert haben: »Wissen Sie, Herr Z., es ist, wie's ist«, ohne zu wissen, wie nahe sie damit den Glücksvorstellungen des großen Philosophen gekommen war.

Nun scheint mir Glück weder eine Sache des einfältigen Gemütes noch auch eines philosophischen oder gar fanatischen. Der von Dostojewski in seinem Roman »Der Idiot« so seelenvoll vorgestellte Fürst Mischkin hat mir lange vor der Lektüre von Hegel auf seine Weise verdeutlicht, was es mit dem Glück auf sich hat, vielleicht, weil ich dem Fürsten so sehr Glück gegönnt hätte. Die Episode aus dem Roman, die mir hier in den Sinn kommt, ist nicht einfach wiederzugeben: Nach einer durchwachten Nacht wandert Fürst Mischkin von Unruhe getrieben durch einen Park. Er gelangt zu der Bank, die Aglaja – er weiß nicht, ist er in sie verliebt oder nicht – zu einem Rendezvous bestimmt hat. Etwas Schweres lastet und bedrückt ihn so, daß er am liebsten fortgelaufen wäre. Doch wohin? Im Baum über ihm singt ein Vögelchen. Da steigt eine längst vergessene Erinnerung in ihm auf.

Er geht in die Berge. Ein endloser Himmel wölbt sich über ihm, unter ihm liegt ein blauer See, rings ein leuchtender Horizont, der kein Ende hat. Er schaut lange aus. Es ist wie ein Fest, dem er fremd gegenübersteht und das ihn schon in früher Kindheit lockte: Jeden Tag geht die glänzende Sonne auf, jeden Morgen steht über dem Wasserfall ein Regenbogen, und jeden Abend brennt der schneebedeckte Berggipfel in der Ferne am Rande des Himmels in purpurner Flammenlohe. Jede kleinste Fliege, die ihn im warmen Sonnenlicht umsummt, nimmt teil an dem Chor, kennt ihren Platz, liebt ihn und ist glücklich. Jeder Grashalm, der da wächst, ist glücklich. Jeder hat seinen Weg, jeder kennt seinen Weg, nur er allein weiß nichts, versteht nichts, nicht die Menschen ... er ist wie ein Ausgeschlossener. Was er damals nicht ausdrücken konnte, scheint heute abend ein anderer mit seinen eigenen Worten, wie er mit Tränen fühlt, gesagt zu haben. So fällt er erregt in Schlaf und Traum. Schlichte, wonnige Stille, die das Geflüster der Blätter noch vertieft, herrscht rings um ihn. Dann taucht im Traum das Gesicht einer Frau auf, das er kennt, das aber sonderbarerweise nicht ihr eigenes bekanntes, sondern das Gesicht einer fremden Frau hat. Qual und Schrecken liegen in dem bleichen Gesicht. Das Herz erstirbt ihm. Die Frau will ihm scheinbar etwas zeigen, etwas nicht weit Entferntes im Park. Er erhebt sich. Da ertönt ein helles Lachen. Er erwacht, und vor ihm steht Aglaja, mit der er verabredet ist. Aglaja hat ihrerseits etwas anderes mit dem Stelldichein im Sinn als er. Das Glück, das Fürst Mischkin sucht, bleibt so eine Vision. Es ist, wie er zu sich kommend erfaßt, nur ein dunkler Traum, der vom Leben nicht eingelöst werden kann. Ganz ähnlich faßt es der schwermütige romantische Dichter von Platen auf, für den das Glück »ein kaum gegrüßt, verlorener, nie wiederbrachter Augenblick« ist.

Dem klagenden Verweilen im nicht Erreichbaren, das sich in Schwermut spiegelt, wie der Zerrissenheit, die nicht einlösbare Sehnsucht mit sich bringt, widerspricht eine Haltung, die wir mit Glückseligkeit bezeichnen. Es ist ein Gemütszustand, für den die Erlösung und Befreiung von der Qual des Lebens nicht im Diesseitigen erwartet wird. Das Glück des Glückseligen ist nicht von dieser Welt. In einer beständigen Identifikation mit dem, was der Glückseligkeit Suchende sein summum bonum, das heißt Gott als sein höchstes Gut, nennt, unterzieht er sich einer rigorosen Disziplinierung. Der Gewinn, den ihm hierbei der Aufschub von Glück bringt, wird zur Tugend. Oder, wie der Philosoph Hegel es formuliert: »In der Glückseligkeit hat der Gedanke Macht über die Naturgewalt der Triebe, indem er nicht mit dem Augenblicklichen zufrieden ist, sondern ein Ganzes von Gott erheischt.« – Bei allem Glanz, der von den Gipfeln einer so tugendreichen Glückseligkeit strahlt, kann die Härte nicht verborgen bleiben, die für das Erreichen dieses Zustandes nötig ist. Eben diese Härte ist es, die dem Gemüt, das sich vom natürlichen Glücksempfinden leiten läßt, verdächtig scheint.

Diese strenge, geradezu unerbittliche Härte und Konsequenz kann sogar bei der Gestalt des großen Franziskus entdeckt werden, in einer Person, welche, Christus in allem so nahe, sich in einer beständigen Liebe zur Kreatur und Welt verströmte. So sagt man vom heiligen Franz, wenn man ihm zum Beispiel einen Mantel schenken wollte, daß er sofort jemanden Bedürftigeren fand, dem er den Mantel weitergab. Mit den Elementen des Lebens zutiefst verbunden, mußte man ihn, wie in der Legendensammlung, die den Titel »Fioretti« trägt, berichtet, zuweilen vom Feuer mit Gewalt wegziehen, weil er selbst der glühenden Kohle nicht wehren wollte. Wer möchte hier entscheiden, wo hier die Liebe und wo das Prinzip den so sehr verinnerlichten Heiligen leitet? Die Einladung seiner Mitbrüder, sich an den Tisch zu setzen, der von ihnen am Tage der Geburt Christi mit weißem Linnen und einer Flasche Wein gedeckt war, lehnte er mit dem Kommentar ab: »Jetzt fehlen nur noch Weiber.« Daraufhin ließ sich Franziskus auf nacktem Boden dort in der Ecke nieder, wo das Holz für das Feuer lag. Mit der Passion seines Christus identifiziert, lebte er die Tugend einer beständigen Erniedrigung, die für ihn sich selbst überwinden hieß. Diese extreme, jenseitsbezogene Haltung verbot ihm die Freude an einem diesseitigen Glück. So zeichnete den heiligen Mann ebensoviel Strenge aus, wie es ihm an Bereitschaft fehlte, sich gelassenen Geistes des Lebens zu erfreuen.

Mit Offenheit zum Leben meine ich eine aus philosophischem Geist kommende Eigenschaft, wie sie etwa schon in der Antike der milde und selbstgenügsame Epikur vertrat. Dem oft gescholtenen und verkannten Epikur, welcher die Sinnenlust nicht verdammte, ging es dabei nicht um die Lust der Schlemmer, sondern es ging ihm um das Freisein von Körperschmerzen und von Störungen der Seelenruhe. »Wir wollen das Fleisch nicht schlechtmachen«, heißt es bei ihm, »und sagen, daß es an den großen Übeln schuld sei, sondern die Ursache lieber in der Seele suchen, alles törichte Streben und Hoffen abschütteln, nicht jeder Lockung nachgehen und ganz uns selbst gehören.« – Für Epikur war keine Lust an sich übel. Für ihn war die stille und bewegte Lust gut, war jede Erregung von Sinnenlust mit einem Entzücken der Seele verbunden. Aber es gibt, wie er lehrte, Bewegungen, die wir bei kluger Abschätzung besser vermeiden.

Ganz danach war auch Epikurs Leben eingerichtet. Frei von Ehrgeiz und Geltungsbedürfnis, lebte er im Verborgenen, umgeben von einem Kreis von Freunden, deren geschätzter und verehrter Lehrer er war. Im vertrauten Umgang mit gleichgesinnten Männern und Frauen entwickelte er die philosophische Haltung, die alles Zuträgliche genießt und alles Unzuträgliche meidet, weder Vergangenes bereut noch Künftiges fürchtet und auch im Unglück unerschütterlich bleibt. Sein Nachfolger und Schüler mit Namen Hermarchos sagte von ihm: »Wenn man das Leben Epikurs mit dem der anderen Menschen vergleicht, so nimmt es sich um seiner Milde und Selbstgenügsamkeit willen wie ein Märchen aus.«

Um zu einer solchen Lebenseinstellung zu gelangen, bedarf es, wie Epikur lehrt, der abwägenden

Klugheit (Phronesis), worunter er folgendes versteht: »Die kluge Einsicht, bei welcher nicht bloß der Verstand und Überlegung, sondern Herz, Gemüt, Empfindung und Willensrichtung mitsprechen.« Seine Devise könnte demnach wie folgt lauten: Sein bißchen Menschenglück genießen, das menschliche Übel durch Phronesis überstehen, welche uns den schmerzfreien Zustand schenkt, welcher weder das Vergangene bereut noch das Künftige fürchtet.

Diese Einschätzung, die für das Erreichen von Glück so selbstverständlich scheint, steht mit der Lehre der stoischen Philosophen, welche etwa zur gleichen Zeit entstand, in beträchtlichem Widerspruch. Der Stoiker macht die Pflicht zur obersten Tugend. An diesem Postulat gemessen, ist alles übrige im Leben gleichgültig: Besitz, Gesundheit, selbst Ehre und Leben. Die von hier ausgehenden, aufs Allgemeine gerichteten Tendenzen haben einen fordernden Charakter. Sie zielen sozusagen auf ein ethisch verbindendes Weltbürgertum.

Nun hat dies alles wenig oder kaum noch etwas mit Glück zu tun. In der Weltgeschichte ist für Glück, wie es der so viel später lebende Philosoph Hegel beschreibt, kein Platz. Glück zielt, wenn überhaupt, aufs Private. Daran kann auch ein als Pflichtübung verordnetes Glück nichts ändern, während Glückseligkeit ohnehin vorzüglich zu einem jenseitigen Bereich zu gehören scheint, denn Glückseligkeit ist nicht das Glück von dieser Welt. Bleibt die Haltung des Epikur und derjenigen, die wie er Glück im Kreise der Freunde oder Schüler privat leben. Mit dieser Haltung könnte sich Hans im Glück, wenn er je zu philosophieren bereit wäre, am ehesten befreunden. Er genießt sein Glück, ohne es nach philosophischer Art einzuschätzen, und erträgt die Mißgeschicke ohne Kopfzerbrechen – gleichsam doch wie ein Epikuräer.

Hans ist mit dem Leben identifiziert als seinem summum bonum, welches ihm jedes Mißgeschick in Glück verwandelt. Die Dinge stehen für ihn sozusagen in einer natürlichen Ordnung, deren Gleichgewicht weder durch willkürliche Eingriffe noch durch planendes Handeln gestört werden soll. Seine Glücksnatur zieht das Glück herbei. Der Ablauf der Dinge stellt sich für Hans dar, wie er ist: Er tauscht Gold gegen ein Pferd. Er tauscht das Pferde gegen eine Kuh. Mit dem Tausch der Kuh kommt er zu neuem Besitz. Er hat, wie wir sagen könnten, Schwein, worunter wir dem allgemeinen Sprachgebrauch nach Glück verstehen.

Warum stellt das Schwein wohl ein so verbreitetes und bekanntes Glückssymbol dar? Ist es die ungeniert rosarot strahlende Gesundheit des Schweines, die verführerisch aus dem Dreck hervorleuchtet? Meinen wir mit dem Schwein das nicht ganz saubere (verdächtige) schweinische Glück, welches wir uns nur heimlich einzugestehen und zu wünschen wagen? Oder bedeutet Schwein wörtlich genommen vielleicht sogar ein Vergnügen am Dreckigen und sich dabei wie ein Schwein »sauwohl« zu fühlen? Oder sollte es so sein, daß sich, wenn auch vielleicht noch halb verpönt, hinter dem Suddelvergnügen die saftigen sexuellen Freuden der erwachenden Jugendnatur von Weib und Mann verbergen? Kommt der in unserer Kultur so lange tabuisierte Genuß am Sexuellen im »Symbol des Schweines« zuletzt doch zum Vorschein? Sozusagen die sexuelle Freude im rosaroten Glücksaspekt? Dabei sollten die mythischen Zusammenhänge und die hierher gehörige Symbolik nicht übersehen werden. Es ist vor allem die fruchtbare Natur der Schweine, dann – wohl ebenfalls in diesen Bereich gehörend – das Bild der das Erdreich aufwühlenden Wildschweine, welche die Tiere zu einem den Göttern heiligen Tier machen! So ist das Schwein im germanischen Mythos dem Naturgott Freyr heilig, reitet im assyrischen Mythos die große Muttergöttin Astarte auf dem ihr heiligen Tier. Wahrscheinlich ist es diese Erinnerung an die fruchtbarkeitsspendende Muttergottheit, welche das Schwein in der jüdisch-christlichen Kultur zu einem unsauberen Tier gemacht hat, auf dem nun Hexen und die Seelen von Selbstmördern reiten. Aber obwohl es so seit undenklichen Zeiten zum Hexentier wurde, hat das Schwein im Volksglauben seine glückbringende Kraft dennoch nicht verloren. Andererseits: Einmal in die Nähe des Verführerischen und Teuflischen gerückt, klebt am Schwein der dunkle Aspekt des Veruchten und Bösen.

Deutet vielleicht der Märchenerzähler etwas von dieser unrechten und dunklen Seite an, wenn er Hans im Glück das Schwein, das er glücklich getauscht hat, sofort verdächtig macht? Geht es in unserem Märchen dabei möglicherweise auch um den verbotenen Genuß, der, sofern er von Hans an die Leine genommen wird, zu einem gestohlenen, und das heißt zu einem für ihn verbotenen Genuß wird? Bereitet also – so könnten wir fragen – die verdächtige dunkle Seite des

Schweines den Tausch mit der Gans im tieferen Sinne vor? Gibt Hans nun das junge Schwein ab, weil er sich noch zu jung fühlt (der junge Mann im Traum machte einen Bogen um das Schwein und ließ es einstweilen in der Hut des älteren Mannes), oder soll unser Hans der Weisheit des Märchens zufolge mit dem Tausch einfach zu neuem, noch unbekanntem Glück gelangen?

Eine alte Kuh für ein junges Schwein

»Es ist freilich gut, wenn man so ein Tier ins Haus abschlachten kann, was gibt's für Fleisch! Aber ich mache mir aus dem Kuhfleisch nicht viel, es ist mir nicht saftig genug. Ja, wer so ein junges Schwein hätte! Das schmeckt anders, dabei noch die Würste.« – »Hört, Hans«, sprach da der Metzger, »Euch zuliebe will ich tauschen und will Euch das Schwein für die Kuh lassen.« – »Gott lohn Euch Eure Freundschaft«, sprach Hans, übergab ihm die Kuh, ließ sich das Schweinchen vom Karren losmachen und den Strick, woran es gebunden war, in die Hand geben.

Hans unternimmt hier offensichtlich eine Umwertung. Gewiß, viel Fleisch im Haus zu haben ist gut, aber wer hat nicht schon in seinem Leben mißvergnüglich auf zähem Kuhfleisch herumgekaut? Hans scheint hier all denen aus der Seele zu sprechen: Er ist nicht für Kuhfleisch. Er ist fürs Saftige und Junge. Diesen Gedanken könnte man leicht so fortsetzen: Hans ist für einen vollen und ungeteilten Lebensgenuß. Erinnerungen, leuchtend und schön, tauchen auf. Wessen Erinnerungen sind es? Wie jung, wie alt ist er, oder sind wir, wenn wir uns mit Hans den Erinnerungen überlassen? Sollen wir uns

Hans, der seine Lehre gerade beendet hat, nun auf der Bahn seiner zweiten Lebenshälfte als »Frührentner« vorstellen? Befindet er sich auf dem Weg zur Mutter, den wir uns symbolisch vorzustellen haben, um sich von ihr innerlich zu befreien? Oder will er etwa als ein altersloser Diener mütterlichen Seins verstanden werden? Hat das Leben ihn in der Jugend Blüte voll ergriffen, oder ist er bereits einer, der von dem Genuß der vollen Manneskraft während der ersten Lebenshälfte getrennt ist?

Hier kommt mir ein junger Vater in den Sinn, der mit wachsender Verliebtheit seine aufblühende Tochter beäugte. Die emanzipatorischen Bestrebungen des jungen Mädchens machten ihm zu schaffen, und er reagierte hierauf psychosomatisch mit anhaltenden Magenschmerzen. Eines Tages nun träumte er, daß er eine große Schüssel mit Rehbraten vorgesetzt erhielt, statt, wie er sich's im Traum deutlich wünschte, zartem Häschenbraten.

Er verwunderte sich über diesen Traum, bis ihm plötzlich einfiel, daß der Kosename der hübschen Tochter »Häschen« lautete. Der Traum wurde für ihn zu einem Schlüsselerlebnis. Er begann, von therapeutischen Gesprächen unterstützt, die Tochter in ihrer Entwicklung zu akzeptieren, schloß sich innerlich wieder an seine ebenfalls hübsche Frau an und beendete seine psychosomatische Erkrankung mit Hilfe eines zweiten Traumes, in dem er das eheliche Schlafzimmer, sonnendurchflutet, mit neuen rosa Gardinen ausstattete.

Es ist anzunehmen, daß auch wir den Kreis der Erfahrungen aus unseren zurückliegenden Lebenstagen zu wiederholen haben, um im Glücksfall die uns auferlegte Probe zu bestehen. Es muß uns dabei nicht wie dem Dichter Goethe gehen, den es in der zweiten Lebenshälfte mit morgenroten Flügeln an den Mund der Geliebten riß, während die Nacht mit tausend Siegeln sternenhell den Bund bekräftigte, auf daß sie nun beide musterhaft in Freud und Qual über die Erde wandeln.

Doch zurück zu Hans. Mag er uns auf dem Weg zur Mutter jünger oder älter vorkommen, mag er in der Phantasie wie König David Bathseba im Bade belauschen oder wie Merlin verzaubert hinter der Weißdornhecke stehen, um sich dem Lebensglück mit Viviane, der jungen feenhaften Frau, hinzugeben. Wie immer das Leben es mit uns meint, es hält in solchen Augenblicken den Atem an. Von Liebe festgehalten, wird der durch sie Verzauberte nicht das Bestehende überdenken oder gar ums Vorübergehende trauern. Doch wer erinnerte sich in alten Tagen nicht an die Tage der frühen Liebe?

Sind nun aber – so können wir einwenden – unsere alten Tage etwa noch den Tagen von Goethe, von Merlin oder gar denen von Hans im Glück zu vergleichen? Neigt in unseren Tagen nicht der durchschnittliche Mann dazu, sein graues Haar oder seine Falten zu mißbrauchen, um hinter gespielter Weisheit den Appetit auf den ungeteilten und vollen Lebensgenuß – die saftigen Würste des Hans im Glück – zu verstecken? Heißt der Weisheit letzter Schluß aber darum stets nur Verzicht? Was hat der Märchenerzähler wohl wirklich im Sinn, wenn er Hans auf dem Weg ins Dorf der Mutter die schlachtreife Kuh abnimmt und ihm einen Metzger entgegentreten läßt, der Hans mit einem Trunk aus der Feldflasche versorgt und ihm ein junges Schwein in die Hand spielt? Preist der Märchenerzähler den Genuß, um sich versteckt über Hans und uns lustig zu machen? Sollen wir erkennen lernen, daß das Glück, welches unsere Sinne erstreben, nur ein eitler oder gar, wie der Bursch mit der Gans unter dem Arm es Hans später nahelegt, ein unerlaubter, ja gestohlener Genuß bleibt, so rosig das junge Schwein Hans auch entgegengrunzt? Steckt die Geschichte von Heinrich Manns »Blauem Engel« irgendwie dahinter? Das Verhängnis des Sekundarprofessors Rath, der, von Liebe zu Rosa Fröhlich gefangen, zu einem Haufen Unrat wird? Ist Professor Unrat, wie die Schüler ihn nennen, ein unweiser Anti-Merlin unserer Zeit? Er möchte der jungen Künstlerin, die, wie er plötzlich erkennt, »Nebendinge treibt«, entfliehen und bleibt doch ihr Gefangener. So schildert Heinrich Mann die Verfassung von Unrat auf dem Höhepunkt seiner Verzweiflung: »Er schließt sein Zimmer ab, drückt sich ins Sofa. Von Scham ergriffen, raffte er sich auf und nahm das Manuskript der Partikel bei Homer vor. Er lehnte wieder an dem Schreibpult, das seit dreißig Jahren seine rechte Schulter in die Höhe gedrängt hatte, aber diese und jene Rückseite war mit Zeilen an die Künstlerin Fröhlich beschrieben, manchmal nur mit einer Notiz, die sie anging. Es fehlten sogar Blätter: Die hatte er achtlos an sie abgeschickt. Er sah auf einmal seine Arbeitskraft ganz ihr untergeordnet, seinen Willen schon längst nur noch auf sie gerichtet und alle Lebensziele zusammenfallen mit ihr. Nach dieser

Entdeckung kehrte er zurück in seine Sofaecke. Es ward Nacht, und aus der Dunkelheit erschien ihm ihr leichtes, launisches, buntes Gesicht. Er blickte mit Angst hinein. Denn er erkannte, daß da für jeden Verdacht, für jeden ein Anhalt sei. Die Künstlerin Fröhlich gehörte jedem. Unrat klammerte die Hände vor sein von Blut gepeitschtes Gesicht. Seine späte Sinnlichkeit – diese einem vertrockneten Körper kraft langsamer unterirdischer Verfügung entrungene Sinnlichkeit, die gewaltsam und unnatürlich flackernd sein Leben verändert, seinen Geist zum Extremen getrieben hatte, sie quälte ihn jetzt mit Bildern. Er sah die Künstlerin Fröhlich in ihrem kleinen Zimmer im Blauen Engel und ihre enthüllenden Gesten, die Erstlingsgesten von damals und ihren kitzelnden Blick. Jetzt richtete sie Blick und Gesten an Unrat vorbei auf einen anderen... Unrat sah die Szene zu Ende, ganz zu Ende, sie tanzte auf und nieder, weil er schluchzte.« Rosa, die »von Kopf bis Fuß auf Liebe eingestellt« ist, betreibt dann den Ehebruch mit der Umsicht, dem Zeremoniell der im Ernst verheirateten Frau mit doppelten Schleiern, verhängten Wagenfenstern, Stelldichein auf dem Lande, um ihren armen Anti-Merlin zuletzt doch mit ins Dunkle zu reißen.

Da sprach Hans: »Die hat ihr Gewicht, aber mein Schwein ist auch keine Sau.« Indessen – so heißt es weiter im Märchen – sah sich der Bursch nach allen Seiten ganz bedenklich um, schüttelte auch wohl mit dem Kopf. »Hört«, fing er darauf an, »mit Eurem Schweine mag's nicht ganz richtig sein. In dem Dorf, durch das ich gekommen bin, ist eben dem Schulzen eins aus dem Stall gestohlen worden. Ich fürchte, ich fürchte, Ihr habt's da in der Hand. Sie haben Leute ausgeschickt, und es wäre ein schlimmer Handel, wenn sie Euch mit dem Schwein erwischten: das Geringste ist, daß Ihr ins finstere Loch gesteckt werdet.« Dem guten Hans ward bang.

Sollte es ihm auf dem Weg zur Mutter wegen eines Schweines schlimm ergehen? Sollte er etwa deshalb seine Argumente durchsetzen und die Warnung des anderen überhören? Auch wenn man Hans eine ähnliche schlimme Geschichte wie die vom Sekundarprofessor Unrat erzählt haben würde, er hätte diese auf niemand bezogen oder sie sich etwa psychologisch ausgelegt.

Hans im Glück bleibt bei allem, was ihm begegnet, seiner Gesinnung unangefochten treu. Die Ehrlichkeit, zu der ihn, wie ich meine, seine Mutter stets anhielt, die er wohl auch bei seinem Meister gelernt hatte, bestimmt auch sein Handeln gegenüber dem Burschen mit der Gans. Arglist, Bosheit und Verstellung sind Hans fremd, Angst vor Strafe schüchtert ihn jedoch ein. Darin gleicht Hans im Glück dem wohlerzogenen bürgerlichen Menschen, zu dem auch der Märchenerzähler zu rechnen ist. Mag es auch viele Scharlatane oder Schelme geben, die die Ehrlichkeit mißbrauchen oder mit ihr spielen, treue Menschen verteidigen unter allen Umständen, was sie als gut übernommen oder als wahr erlernt haben, als hinge nicht nur die Ehre, sondern auch ihr Leben hiervon ab. Nun hängt das Leben der Mitmenschen sehr wohl von der Beachtung allgemein verbindlicher Grundsätze ab, wobei es auf die Bereitschaft und auf den

Willen vieler einzelner ankommt, die Grundsätze anzuerkennen und einzuhalten.

Die sogenannten Großen in der Welt pflegen sich in dieser Hinsicht als Vorbilder anzubieten, um sich selbst zugleich mit dem schönen Schein zu begnügen. Um so strenger fordern sie das Einhalten der staatsbürgerlichen Grundsätze und religiösen Gebote von den vielen. Die sogenannten Großen wissen, daß es ohne die Verläßlichkeit und den Mut der Kleinen zum Gehorsam paradoxerweise ebenso um ihre eigene Macht wie um die Macht und Sicherheit aller schlecht bestellt wäre. Wehe darum den Kleinen, wenn sie sich auf den Schein (die Doppelrolle) der Großen berufen und ihnen im Schein nacheifern möchten!

Bekanntlich werden die kleinen Diebe (aus eben diesem Grunde) gehängt, wofür die Großen (Diebe) von jeher Sorge getragen haben. So darf aber alles ungestört beim alten bleiben, getreu dem in der Zeit von Brecht noch geltenden Spruch: »Die Großen schreiben Nichtangriffspakte, kleiner Mann, schreib dein Testament.«

In die Zeit vor Brecht gehört, was der Märchenerzähler uns über die Einstellung und Gesinnung von Hans im Glück berichtet. Hans, der sich mit der Beendigung der Lehre sofort ins Dorf der Mutter begibt, verhält sich unpolitisch und undiplomatisch. Er folgt seinem inneren Auftrag und läßt sich durch den Burschen, der ihm das Schwein abschwatzt, nicht beirren. Er nimmt den anderen wörtlich. Entsprechend seiner Gesinnung denkt er vom anderen nicht anders als von sich selbst. Zwar kennt auch Hans sicherlich das Sprichwort, daß der Ton die Musik macht, aber von einer sogenannten Beziehungsfalle, psychologisch dem double-bind, weiß er gottlob noch nichts. Die Mitte unseres Jahrhunderts von anglo-amerikanischen Forschern – Soziologen und Psychiatern – als verbreitetes Beziehungsmuster herauspräparierte Beziehungsfalle (double-bind), über die Hans sich sehr verwundern würde, besteht darin, daß man mit dem, was man sagt, das Gegenteil meint und intendiert.

In Übereinstimmung mit dem Bibelwort »Eure Rede sei ja, ja oder nein, nein« bilden für Hans das Wort, der Sinn des Wortes und die Art, wie es ausgesprochen wird, eine Einheit. Der Schlag auf die Pauke bedeutet für Hans allemal nichts anderes als ein Fortissimo. Die Angst, die hinter dem Fortissimo als Drohgebärde stehen kann, bleibt ihm unbegreiflich. Desgleichen sind für Hans Flötentöne keine Sirenenklänge, sondern stets etwas Sanftes und Liebliches. Darum nimmt Hans den Burschen, der ihn mit falschen Tönen ködert, wörtlich. So bleibt Hans Sieger, indem er seines Weges zieht und dem anderen das Schwein als Tauschobjekt überläßt. Damit – so könnten wir hinzufügen – trennt Hans sich auch von heimlichen Wünschen und verborgenen Ansprüchen. Es sind, allgemein betrachtet, Ansprüche, die dem zum Verderben gereichen, der sich aus den Fesseln einer ihn bannenden Liebe nicht herauszulösen vermag. Merlin, der Alte, lebt, wie die Sage weiß, von der Kraft der eigenen Zaubersprüche gebannt, im Zauberwald, angewiesen auf die Liebe von Viviane, während der in Leidenschaft zu Rosa verstrickte Gymnasialprofessor als ein armer Anti-Merlin zusammen mit der wimmernden Geliebten nach dem Willen des Dichters Heinrich Mann als eine Fuhre Unrat ins Dunkel abgekarrt wird.

Hans aber, nunmehr mit der Gans unter dem Arm, so wie er gerne in Märchenbüchern abgebildet wird, kann sich, zumal im Besitz von weichen Daunenfedern, auf dem Weg zur Mutter mit gutem Gewissen alle Abende zur Ruhe legen, um ungewiegt zu schlafen.

Mit der Gans unterm Arm

»Ach Gott«, sprach er, »helft mir aus der Not, Ihr wißt hierherum bessern Bescheid, nehmt mein Schwein da und laßt mir Eure Gans.« – »Ich muß schon etwas aufs Spiel setzen«, antwortete der Bursche, »aber ich will doch nicht schuld sein, daß Ihr ins Unglück geratet.« Er nahm also das Seil in die Hand und trieb das Schwein schnell auf einem Seitenweg fort: der gute Hans aber ging, seiner Sorgen entledigt, mit der Gans unter dem Arme der Heimat zu.

Hans läßt sich aufs Bedrohliche, auf etwas, was sein Glück gefährden könnte, nicht ein. Er weiß, daß ein Hehler ebenso bestraft wird wie der Stehler. Wer wollte sich auch schon wegen eines gestohlenen Schweines ins finstre Loch stecken lassen! Nein, Hans bleibt ehrlich, er möchte nur das haben, was ihm keinen Schaden bringt. Auf keinen Fall möchte er auf seinem Weg zur Mutter durch Auseinandersetzungen, Rechtfertigungen oder Streit behindert oder gar aufgehalten werden. Schon der Verdacht, ein gestohlenes Schwein vor sich herzutreiben, ist Grund genug, in Sorge zu geraten. Darum ist Hans im Glück verängstigt. Auch kennt er sich sehr wohl in der Welt aus. Wieviel Streit, und nicht nur dies, entsteht allemal nur wegen des Besitzes! Auch hier ist Hans im Glück klüger. Unrechtmäßiges Gut bringt keinen Gewinn, und was heißt überhaupt Besitz? Hans weiß, jedenfalls richtet er sich in seinem Tun danach, daß Besitz nicht das ist, was einer hat, sondern höchstens, was einem durch die Umstände gerade zugestanden wird. Wir dagegen pflegen die Umstände gerne als Recht oder Besitzstand zu interpretieren. Da nun die Umstände, wie jeder weiß, sich ebenso rasch wie das Wetter ändern können, ändert sich unaufhörlich auch das Verhältnis zu dem, was wir zu haben meinen.

Bei Völkern, die auf der Naturstufe leben, gibt es praktisch keinen privaten Besitz. Der gemeinsame Grund und Boden ist den Lebenden zur Nutzung überlassen; wenn überhaupt, so gehört er den Ahnengeistern oder Göttern. Die Problematik, die zum Besitzstand mit gehört, soll uns noch beschäftigen.

Hans bleibt, wie es seiner Natur entspricht, bei den Umständen. Glücklicherweise ist ihm in der Verlegenheit, in der er sich gerade befindet, der Bursche mit der Gans entgegengekommen. Verängstigt über das, was der, der sich in der Gegend auskennt, über sein Schwein erzählt, wie über die weiße Gans erfreut, die der andere zum Tausch anzubieten bereit ist, bleibt Hans Herr der Lage. Die dunkle Wolke, die ihn zu umhüllen drohte, verfliegt, sie löst sich so rasch auf, wie sie kam. Die Klugheit rät Hans, mit den Umständen, wie immer sie sich darstellen, zufrieden zu sein. Also macht er den ihm vom Weg zugeführten Genossen treuherzig zu seinem Helfer. Wiederum – eine Mühe ist der anderen wert. Der Bursche übernimmt das Schwein und damit die Sorgen. Hans ist die Sorgen und das Schwein los. Dafür bekommt er Gänsebraten, Fett für ein Vierteljahr und Federn.

Vom Standpunkt des bäuerlichen Lebens aus gesehen, steht die Sorge um die Nahrung im Zentrum aller Bemühungen. Höhepunkte im Jahr sind dabei die Festtage, an welchen Braten auf den Tisch kommt, sei es bei einer Kindstaufe, an einer Hochzeit oder beim Leichenschmaus. Hier ist die Gans in der bäuerlichen Ökonomie praktisch unersetzlich. Eben das ist es, was Hans im Glück hervorhebt. Doch taucht in seinen Gedanken noch eine weitere Perspektive auf. »Wenn ich's recht überlege«, sprach er zu sich selbst, »habe ich noch Vorteil bei dem Tausch: erstlich den guten Braten, hernach die Menge von Fett, die herausträufeln wird, das gibt Gänsefettbrot auf ein Vierteljahr; und endlich die schönen weißen Federn, die laß ich mir in mein Kopfkissen stopfen, und darauf will ich wohl ungewiegt einschlafen.«

Wie wichtig die Berücksichtigung des Versorgungsaspektes auch weiter bleibt, mit dem Tausch der Gans ist in die Überlegungen von Hans etwas Neues dazugekommen. Wohl als Belohnung für sein rechtschaffenes Verhalten denkt Hans jetzt auch an den Schlaf. Er ist sich auch bei dem letzten Tausch wieder ganz und gar treu geblieben. In der Verlegenheit, in der er sich befand, hat er es fertiggebracht, sich ohne Zorn von der Welt und ihren Machenschaften abzugrenzen. Darum stopft er in Gedanken bereits die weißen Federn seiner Gans in ein Kopfkissen. Hans im Glück hat, wie ich es sagen möchte, nicht nur ein blankes Gewissen, sein Herz vermag sich dem Schlaf ungewiegt zu überlassen.

Hierbei dürfte die Einstellung, die Hans gegenüber dem Besitz hat, ebenfalls eine wichtige Rolle spielen. Während die Einstellung zum Essen bei Hans durchaus einer gutbäuerlichen Tradition entspricht, ist, wie der Ablauf des Märchens zeigt, sein Verhältnis zum Besitz ganz und gar unbäuerlich. Hans im Glück hängt offensichtlich nicht am Besitz. Der Wert, den die Personen im Märchen den Dingen beimessen, ist jedenfalls nicht der, den Hans ihnen gibt. Bei Hans entscheiden hierüber die Umstände. Diese enthüllen sozusagen den tieferen und eigentlichen Wert des Tausch-»Objektes«, der sich im Zusammenhang mit der jeweils neuen Situation bei Hans verschieden darstellt. Hans geht nicht nur spielerisch, sondern geradezu hellsichtig mit den Gegebenheiten um, während die Personen im Märchen von den einmal festgelegten und bestehenden Normen abhängig sind. Obwohl zugegebenermaßen die Einschätzung einer Sache ohne Normen und verbindliche Kriterien nicht möglich scheint, macht Hans im Glück dieses kein Kopfzerbrechen. Ob wir Gold für wertvoller als Eisen, einen Kunstgegenstand für wertvoller als ein Kinderspielzeug, ob wir einen Elefanten für wertvoller als ein Rind halten – Hans weiß, oder er richtet sich danach, daß die Dinge, wie immer unsere Einschätzung ausfällt, als solche hierdurch nicht erfaßt werden. Sie kommen lediglich unterschiedlich in Gebrauch und Mode, wie zum Beispiel die Tulpenzwiebel in Holland im 16. Jahrhundert. Sie wurde viele Jahre regelrecht auf einer Art Tulpenbörse gehandelt, bis es zu einem Börsenzusammenbruch kam. In diesem Zusammenhang ließe sich auch das Interesse für die vielen bunten Postwertzeichen anführen, deren Nennwert meist nicht einmal einen Pfennig beträgt. Das gilt auch für die weltberühmte blaue Mauritiusmarke. Ich erwähne dieses Beispiel, ohne den Tulpenliebhabern von einst oder den Philatelisten von heute nahetreten zu wollen. Sicher ist, daß im Strom der Zeiten, dem der Mensch und die Dinge unterworfen sind, sich in erster Linie die Einstellungen ändern, die wir den Dingen gegenüber beziehen, ohne zu merken, was wir mit uns selber machen. Allgemein ist zu folgern, daß, je starrer der einzelne an dem von der Tradition und der Gewohnheit vorgegebenen Wert eines Gegenstandes festhält, er um so mehr von dem Gegenstand gefesselt wird. Gerade so entgeht dem Betroffenen aber, daß alle Eigenschaften, die er den Personen oder den Dingen zuschreibt oder auch aberkennt, Eigenschaften von ihm selbst sind. Er mißt den Dingen Werte zu, stattet sie mit Eigenschaften aus, die er sich damit selbst wegnimmt, oder, was häufiger der Fall ist, er zieht gegen Eigenschaften, die er als schlecht oder böse empfindet, wütend zu Felde, anstatt sie in der Seele ins Gleichgewicht zu bringen und zu integrieren. Der Psychologe interpretiert ein solches Verhalten als eine projektive Abwehr von unbewußten seelischen Kräften, die zum Bereich des hellen oder dunklen »Schattens« gehören.

Könnte der Erwachsene die Güter, die zu seinem Leben gehören, und alles, was sein Leben noch ausmacht, wieder mit den Augen des Kindes betrachten, dann bekämen nicht nur die Dinge in der Welt eine neue Bedeutung für ihn, sondern er erführe auch an sich selbst ihre neue, ihn beglückende Bedeutung. Der Märchenerzähler setzt die ursprüngliche Bedeutung der Dinge voraus, ohne sie zu erläutern. Wollten wir Hans im Glück danach fragen, so würde er uns vermutlich an die Mutter verweisen und damit an die Kräfte, die – sofern wir uns auf dem Weg zur Mutter befinden – auch zu uns als Erwachsenen sprechen. Wir wären in der Lage, mit den Normen, die zum Alltag gehören, wie Hans frei und hellsichtig umzugehen. Ohne an den Wert der Dinge zu denken, wären wir glücklich. Ja, wir wären so wieder in unserer Kindheit. Die Margeriten auf der Sommerwiese würden ihren weißen Schimmer wie einst entfalten, und die mitten aus dem Bogen von Gold herausgeschnittenen Sterne leuchteten heller als die, die der Rand hergibt. Was wäre auf einmal eine Glasperle wieder für ein Besitz, was ein Stück Schnur oder ein buntes Papier, das, in den Schwanz eines Papierdrachens verwandelt, die Winde im Herbst lustig hin- und herflattern lassen! Gab es wohl je wieder eine Zeit, in der die Dinge wie in der Kindheit Zwiesprache mit unserer Seele hielten, in der alles so ganz unser eigen, die Dinge so ganz wir selbst waren, wie damals eine Zeit, in der ein Zimmer, ein Haus oder Feld so sehr zu unserem Sein gehörten wie unser Körper mit Kopf und Beinen und der Erde, auf der wir herumliefen?! Gab es je wieder die von keiner Uhr erfaßte Zeit, in der wir mit der Welt und die Welt mit uns spielte? Wünschen wir uns deshalb so sehr in die Kindheit zurück, weil die Dinge, wie groß oder klein, wie bunt oder blaß, wie federgewichtig oder steinschwer, den Glanz der über sie ausgebreiteten Kraft ausstrahlten, der sie zum

Quell der Freude machte, welche aus der Tiefe des eigenen Herzens herausströmte? Wir dürfen von der Kindheit als der im Mythos überlieferten Zeit sprechen, die frei vom Tod und deshalb auch von Mißgeschick ist. Wohl ist es wahr, daß auch die Zeit auf vielerlei Weise gestört werden kann, doch gehört das Störende hier noch mit zu der Entwicklung, in der das scheinbar Getrennte und nicht Zugehörige Teil der sich in der Vielfalt bezeugenden Ganzheit des Lebens ist.

Für den kritischen Verstand wecken die beschriebenen Vorgänge Widersprüche. Er siedelt sie in den Bereich einer spekulativen Philosophie an. Bringe ich aber, wie es meiner Absicht entspricht, die in der Vielfalt sich bezeugende Ganzheit in Parallele zum ursprünglichen Erleben in der Kindheit, so kann ich wohl an das Wirken der hohen Weisheit erinnert werden, von der der Koran in der 18. Sure berichtet: Wir werden da zum Begleiter von El Chidr, dem grünen Propheten. El Chidr, der der Sage nach von den Wassern des Lebens getrunken hat, begeht Taten, die den an die Ordnung der Gesetze gebundenen Moses verwirren und abschrecken. Sie steigen beide zunächst auf ein Schiff, in das El Chidr ein Loch schlägt, so daß das Schiff versinkt. Sie treffen dann einen Jüngling auf dem Weg zu seinen Eltern, den El Chidr erschlägt. Schließlich richtet El Chidr eine Mauer, die einstürzen wollte, in einer Stadt auf, in der die Bewohner ihm und dem Begleiter das Essen verweigern. Ehe der Prophet sich von seinem Begleiter Moses trennt, gibt er ihm folgende Erklärung: »Was das Schiff angeht, so gehörte es armen Leuten, die auf dem Meere arbeiten, und ich wollte es beschädigen, da hinter ihnen ein König war, der das Schiff mit Gewalt nahm.« Die armen Leute konnten das Schiff wieder heben, als die Gefahr vorüber war. »Der Jüngling war auf dem Weg, seinen Eltern Gottlosigkeit und Gewalt aufzubürden. So wünschte ich, daß der Herr ihnen einen liebevolleren Sohn zum Tausch gibt. Was die Mauer angeht, so gehörte sie zwei verwaisten Jünglingen. Unter der Mauer lag ein ihnen vom Vater zugedachter Schatz.« Sie sollten ihn aus Barmherzigkeit wieder erhalten. Der Prophet fügte hinzu: »Nicht nach eigenem Ermessen tat ich das, das ist die Deutung dessen, was du nicht zu ertragen vermochtest.«

Nun ließe sich sofort einwenden, daß Mißgeschick und Unglück sich meistens überhaupt nicht oder nur höchst selten zum Vorteil des Betroffenen verändern. Deshalb könnte man sagen, daß es darauf ankommt, das Geschick in eigene Verantwortung zu nehmen, um in der rauhen Wirklichkeit zurechtzukommen. Die Vernünftigkeit solcher Argumente soll von niemand angezweifelt werden. Ich bin sicher, daß auch Hans im Glück hier nicht widersprechen würde. Es kommt aber, wie ich meine, in ausweglosen Situationen sehr wohl darauf an, nicht nur die Kräfte des Verstandes und Willens zu mobilisieren, sondern ebenso die Kräfte der Phantasie. Erst die Besinnung auf die Phantasie schafft gerade im Unglück die Voraussetzungen, sich gegen die Verzweiflung zu wehren und innere Kräfte zu aktivieren, die eine Lösung auch aus aussichtsloser Lage bringen können.

Der Dichter Saint-Exupéry gibt uns in seinem

bekannten Märchen für Erwachsene »Der kleine Prinz« hiervon eine Vorstellung. Er leitet sein Buch mit Worten ein, in denen er zugleich seine innere Verlassenheit andeutet: »Ich blieb allein, ohne jemanden, mit dem ich wirklich hätte sprechen können, bis ich einmal eine Panne in der Wüste Sahara hatte. Etwas an meinem Motor war kaputtgegangen. Und da ich weder einen Mechaniker noch Passagiere bei mir hatte, machte ich mich ganz allein an die schwierige Reparatur. Es war für mich eine Frage auf Leben und Tod.« Tausend Meilen von jeder bewohnten Gegend entfernt, fühlt Saint-Exupéry sich, wie er schreibt, noch viel verlassener als ein Schiffbrüchiger auf einem Floß mitten im Ozean. Er schläft am Abend erschöpft ein und wird bei Tagesanbruch von einer seltsamen Stimme geweckt. Der Dichter springt auf die Beine, als wäre ein Blitz in ihn gefahren. Unerwartet mit seiner Phantasie konfrontiert, sieht Saint-Exupéry ein kleines Männchen, das ihn seinerseits ernsthaft betrachtet. Der Dichter braucht geraume Zeit, um sich auf die Kräfte seines Herzens einzulassen. Das Herz stellt Fragen und scheint die vom Verstand kommenden Fragen nicht zu hören. Die Spannung zwischen Herz und Verstand, welche ausgehalten und bewältigt sein will, soll das einleitende kurze Gespräch verdeutlichen, das ich in Auszügen wiedergebe.

»Wie«, rief der kleine Prinz, »du bist vom Himmel gefallen?«

»Ja«, sagte ich bescheiden.

»Ach, das ist lustig.«

Und der kleine Prinz bekam einen Lachanfall,

der mich ordentlich ärgerte. Ich legte Wert darauf, daß meine Unfälle ernst genommen werden. Er aber fuhr fort: »Also auch du kommst vom Himmel, von welchem Planeten bist du denn?« – Da ging mir ein Licht auf über das Geheimnis seiner Anwesenheit, und ich fragte hastig: »Du kommst also von einem anderen Planeten?«

Aber er antwortete nicht. Er schüttelte nur sanft den Kopf, indem er mein Flugzeug musterte: »Freilich, auf dem Ding da kannst du nicht allzuweit herkommen.« Und er versank in eine lange Träumerei.

Der kleine Prinz vertieft sich nun in den Anblick des Schatzes, den die Phantasie dem Verstand als erstes gemeinsames Produkt abgerungen hat.

Diese phantasievolle Erzählung, das Märchen für Erwachsene, beginnt der Dichter Saint-Exupéry charakteristischerweise mit der Erinnerung an die Zurückweisung, die er als Kind von seiten der Erwachsenen erfuhr. Später vermochte er jedoch an die von ihm selbst unterdrückten Kräfte der Phantasie in der geschilderten Ausnahmesituation erfolgreich anzuknüpfen. Auch wenn ich in meinem Leben wohl nie in eine ähnliche Situation wie Saint-Exupéry kommen werde, halte ich es für wichtig, die Phantasiekräfte zu beleben und sich dabei nicht auf unglückliche Situationen oder Katastrophen zu beschränken. Damit soll der oft zitierten Ansicht, daß Gotteshilfe in der größten Not am nächsten sei, nicht widersprochen werden. Worauf es mir ganz besonders ankommt, ist, nach Möglichkeiten zu suchen, einen Raum zu finden, in dem unsere Phantasiekräfte sich auch im Alltag entfalten können.

Mascha Kaléko, die bei uns seltsamerweise noch so wenig bekannte Dichterin, schrieb ein Gedicht für ihren Mann, der auf die Reise geht. Darin heißt es:

»Ich kann Dir keine braven Socken stricken,
und meine Kochkunst würde Dich nur plagen
Drum nimm den Scherben rosaroten Glas,
der führt ins Märchenland ›Ich-weiß-nicht-was‹
an grauen Tagen.«

Mit der leicht ironischen Klage, dem Verreisenden keine Wunderdinge mitgeben zu können, schließen die Verse so:

»Doch weil Dein Herz mir Flut und Ebbe ist,
hier diese Muschel schimmernd wie von Tränen
zum nach mir Sehnen.«

Eine Glasscherbe, eine Muschel, in einfachen Versen verwandt, doch mit wieviel Phantasie und Herz! Nimmt ein Dichter sich der kleinen Dinge an, so erstrahlen sie wieder in einem seltsamen Glanz. Er braucht dazu weder besondere Künste noch Juwelen. Der Dichter nimmt Bilder der Phantasie, die aus dem Herzen kommen. Sie helfen uns, das verlorene Glück im grauen Alltag wieder zu entdecken.

Wahrscheinlich lebt ein Dichter in allen Menschen, wären die Menschen nur mutig genug, ihn in sich zu befreien. Sie müßten dann allerdings erst mit dem harten Mann ringen, der, mit Zeichenstiften, elektronischen Waagen und sonstigen Apparaturen ausgerüstet, vor der Türe hockt und den Zugang ins Kindermärchenland »Ich-weiß-nicht-was« oder zu Hans im Glück versperrt. Der harte Mann ist niemand anders als unser nach Erfolg und Leistung strebender kalter Intellekt. Wie es auch gekommen ist, daß wir in seine Abhängigkeit gerieten, er scheint dafür zu sorgen, daß Menschen so viel Anstrengungen und Unglück erleiden oder brauchen, um mit Hilfe von dann neu entstandenen Kräften am Ende wieder in eine Gegenwart zu gelangen, die das Glück nicht ausschließt.

Vielleicht will mir eine Zeichnung des dänischen Karikaturisten Jakobson aus meinen Kindertagen deshalb nicht aus dem Sinn, weil deren Sinn ganz offensichtlich gegen die vom Verstand beherrschte graue Alltagswelt gerichtet ist. Dies ist das Bild, wie es sich in meiner Erinnerung gehalten hat: Über dem Dachfirst eines Hauses, das rings von Wasserfluten überschwemmt ist, ragt ein Schornstein hervor. Ein Männlein mit Bart und einem Hut auf dem Kopf sitzt auf dem Schornstein und läßt seine Beine herunterbaumeln. Es ist Adamson. Unter dem Bild steht zu lesen: »Wie gut, daß die Überschwemmung gekommen ist, sonst könnte ich hier oben nicht so schön ruhig auf dem Schornstein sitzen.« Ich habe mich wohl niemals gefragt, wie es Adamson eigentlich mitten in der großen Überschwemmung zu seinem Sitz auf dem Schornstein gebracht hat. Doch der ironisch-paradoxe Kommentar unter dem Bild begleitete mich heimlich durchs ganze Leben. Meint Jakobson etwa, daß es keine andere Insel für das

Glück gibt als die, zu der die Katastrophe einlädt, oder malt er unbekümmert das Lob auf die Lebenskräfte des Menschen, der auch im Unglück nicht verzagt? Als Knabe schien es mir, als sei der Untergang der bestehenden Welt die Voraussetzung für Glück, zum Beispiel sei es Glück, ohne die anderen einmal für sich sein zu können, oder, wie es der Zeichner ausdrückt: Glück bedeutet, seine Beine einmal runterbaumeln zu lassen. Aber braucht es dafür eine Katastrophe, wie die Überschwemmung einer ganzen Landschaft? Wollen meine Erinnerungen mich etwa zu dem Eingeständnis bewegen, daß es auf der Welt kein Glück ohne Unglück geben kann? Gerade auf dem Hintergrund einer denkbaren Weltkatastrophe bin ich weit davon entfernt, die Sache so wörtlich mißzuverstehen. In meinen meditativ gestimmten Überlegungen geht es vielmehr darum, herauszufinden, wie die Gemütslage des Menschen beschaffen ist, um Glück oder Unglück zu erfahren und mit den wechselnden Umständen umzugehen. Hier bedarf es, wie ich glaube, des Ansporns und der Anstrengung aller Kräfte, ebenso der des Verstandes wie des Herzens, die im Bewußtsein, oder richtiger: in der Seele, das Gleichgewicht herstellen, welches es dem Menschen gestattet, sich von den Wechselfällen des Lebens leiten zu lassen. Es ist die Fähigkeit, die seelische Einstellung, die Hans im Glück besitzt, wenn er die weiße Gans eintauscht, die ihm Federn für das Kopfkissen bringt, damit er ungewiegt einschläft.

Wie oft Hans im Glück inzwischen seine Tiere austauschte, ob Pferd, Kuh, Schwein und zuletzt die

Gans, alle Tiere gehören bevorzugt in den Bereich der mütterlichen Welt oder symbolisch in den Umkreis der »Großen Mutter«. Mit dem Tausch der Gans tritt Hans in den innersten und gleichsam uranfänglichsten Bereich der Schöpfung ein. Man darf das Ei, das sich dem Mythos nach aus dem Chaos bildet und so am Anfang aller Entwicklung steht, mit der Gans als dem heiligen Tier in Verbindung bringen. Allerdings ist mit der Gans nicht die gewöhnliche Hausgans gemeint, besonders nicht, wenn sie zuvor genudelt wurde, sondern ihre graue Schwester, die Wildgans. Sie nistet in Sibirien und überwintert an den Küsten des östlichen Mittelmeeres. Ihr Erscheinen zur Wintersonnenwende machte sie im alten Ägypten zum Sonnentier. Die Sonne entsteigt als schnatternder Vogel dem Ei und ist zugleich Seele des Pharao. Bei jedem Regierungsantritt eines Pharao wurden vier Gänse nacheinander in die vier Himmelsrichtungen freigelassen. Dem Erd- und Luftbereich zugehörig und ihn beherrschend, verfügt die Gans der Sage nach über mantische Kräfte. Nicht nur das Weissagen aus ihrem Vogelflug gehört zum Urwissen der Menschheit. Im Volksglauben verbindet sich das Gänseopfer mit Orakelpraktiken, die bis ins Mittelalter geübt wurden. So konnte der Beschau eines Gänsefußes über den Beginn eines Feldzuges entscheiden. Den Schamanen in Sibirien dient die Gans als Reittier beim Aufsuchen oder Verfolgen von verlorenen Seelen. Als Bote zwischen Himmel und Erde mit den ihr zugesprochenen weisheitsvollen und weissagenden Kräften ist die Gans wohl schon in prähistorischen Zeiten das Tier, das bei Initiationsvorgängen eine zentrale Bedeutung hat. Heilige Gänse werden im alten Rom auf dem Kapitol im Bezirk des Tempels der Juno Moneta als einer weiblichen Urgottheit gehalten. Bekanntlich rettete das durchdringende Geschnatter der Gänse Rom vor der Eroberung bei einem Überraschungsangriff der Gallier. Einer Notiz des kritischen Journals »Time« zufolge werden Gänse neuerdings von der amerikanischen Armee wieder zur Bewachung von militärischen Anlagen in der Bundesrepublik eingesetzt. Ihre natürliche Wachsamkeit mag dazu beigetragen haben, daß der Gans im Mythos und Märchen so viele Kräfte zugesprochen werden. Vielleicht hat auch unser Märchenerzähler, wiederum ohne es im geringsten anzudeuten, die Zauberkräfte der Gans als Bote zwischen Himmel und Erde im Sinn, wenn er Hans, soweit es zu ihm paßt, den Tausch mit der Gans ein wenig mit arrangieren läßt. Auch daß der Erzähler Hans nicht nur an das Gänsefettbrot und den Braten, sondern an die Federn des Tieres denken läßt, scheint mir in diesem Zusammenhang bedeutungsvoll. Sollte der Erzähler unseren Helden unter den besonderen Schutz dieses der »Großen Mutter« heiligen Tieres gestellt haben? Legt Hans deshalb besonderen Wert auf das neue Kopfkissen, weil sein Schlaf durch die Gänsefedern als pars pro toto zugleich magisch geschützt ist und er ungewiegt einschlafen kann? Es wäre nicht von der Hand zu weisen, daß die vielfältige und hintergründige Symbolik der Gans dazu beigetragen hat, daß Hans im Glück bevorzugt mit der Gans unter dem Arm als Glücksbringer abgebildet wird.

Möglicherweise hat Hans im Glück deshalb noch

heute neben der Gänseliesel und dem braven Sterntalerkind einen bevorzugten Platz als Märchengestalt im Schlafzimmer unserer Kinder. Der blondlockige Bursche mit der Gans und die Prinzessin, welche Gänse hütet, sind alte heidnische Figuren, während das selbstlose Waisenkind, das der Himmel belohnt, eine eher spätere christliche Symbolfigur ist. Durch sie alle wollen Eltern, wohl ohne über die Zusammenhänge nachzudenken, für ihre Kinder heimlich Glück herbeiwünschen.

Die Zunft der Scherenschleifer und wir

»*Ich schleife die Schere und drehe geschwind und hänge mein Mäntelchen nach dem Wind.*«

Nachdem Hans die Gans für sich eingetauscht hat, kommt er auf seiner Wanderung in das letzte Dorf. Es ist aber noch nicht das Dorf, zu dem er hin will, um wieder zurück zu seiner Mutter zu gelangen. Noch steht die Sonne eher nachmittäglich am Himmel, noch warten auf Hans im Glück Anstrengungen, aber wie es seine Art ist, denkt er nicht an später. Er ist mit seiner schönen Gans unter dem Arm glücklich. Im Dorf trifft er einen Scherenschleifer mit seinem Karren, der das Schleifrad surren läßt und singt. Allen Vorurteilen zum Trotz, die dieser Beruf bei allen ordentlichen Bürgern hervorruft – der Scherenschleifer ist besonders im schwäbischen Sprachbereich ein geläufiges Schimpfwort –, oder vielleicht gerade deshalb zeigt der Märchenerzähler den Scherenschleifer von der angenehmsten Seite. Der Schleifer singt, er ist mit sich, mit der Welt und mit der Tätigkeit, die er ausübt, voll zufrieden. Er verfügt nicht nur über eine imponierende Fassade, sondern wird, wie er sich darstellt, geradezu zu einer Symbolfigur erhoben. Der Scherenschleifer steht, wie ich es interpretieren möchte, für den im Beruf stehenden Menschen. Er weiß, warum er seine Scheren schleift, und sagt es jedem, der ihn danach fragt. Ein rechter Schleifer braucht nur in die Taschen zu greifen und zieht immer wieder Geld heraus. Zugleich erweckt der Erzähler bei uns den Eindruck, daß es sich bei dem gutgelaunten Handwerker um einen ganz und gar ehrlichen Menschen handelt, jedenfalls sollen wir getrost annehmen, daß er die eigene Tasche meint, aus der er die Geldstücke herausholt. Die Versicherung, daß sein Handwerk einen goldenen Boden hat, soll diesen Eindruck ohne jeden Zweifel verstärken. Sie könnte aber auch dazu dienen, von der wahren Absicht des Scherenschleifers abzulenken. Schließlich versichert er in seinem Liedchen, daß er jemand ist, der sein Mäntelchen stets nach dem Wind hängt. Dies ist eine Einstellung, die gewiß gerne von den Menschen benutzt wird, die Erfolg im Beruf suchen.

Hier drängt sich mir die grundsätzliche Frage auf, was es wohl mit dem Beruf und der Berufsausübung auf sich hat. Zahlreiche Interpreten des Märchens »Hans im Glück« sind der Meinung, daß es in die seltene Kategorie der ironischen Märchen einzuordnen sei. Könnte sich diese Ironie ganz besonders auf die Einstellung und Haltung des im Beruf stehenden Menschen beziehen, die der Erzähler am Beispiel des Scherenschleifers abhandelt? Bietet er vielleicht deshalb den Scherenschleifer an, damit der brave Bürger sich selbstgefällig über den sozial so tief unter ihm stehenden Personenkreis erhebt, ohne darüber nachdenken zu müssen, wie er sich selbst in seinem so ehrlichen Beruf aufführt?

Ich möchte diese Frage nicht mit Ja und nicht mit Nein beantworten. Ein Schleifer hat es jedenfalls nicht nötig, die Absicht, die hinter seiner Tätigkeit steckt, zu kaschieren. Er verhält sich in diesem Punkt wie die ehrbare Dirne, hingegen scheint es für den ehrenwerten Berufsmenschen unerläßlich, seine Absicht, Geld zu verdienen, hinter der Fassade von Beflissenheit und Wohlanständigkeit zu verbergen.

Warum darf eigentlich der Berufstätige, besonders wenn er einen sozial angesehenen Beruf ausübt, zum Beispiel den des Lehrers, des Psychotherapeuten oder eines höheren Staatsbeamten, die Absicht, mit dem Beruf Geld zu verdienen, nicht ebenso direkt eingestehen wie jeder Handwerker, wie Kaufleute, ein Gastwirt, ein Tankwart oder einer vom Beerdigungsinstitut? Wird nicht der Eindruck, daß der Beruf den simplen Zweck hat, Geld zu verdienen, dadurch eher verstärkt, daß die Absicht verschlüsselt oder versteckt wird? Bieten wir nicht als unehrliche Scherenschleifer dem Kunden, den wir zum König machen, die untertänigsten Dienste nur scheinbar an, ohne doch in der Lage oder imstande zu sein, ihn auch königlich zufriedenzustellen (eine Aufgabe, die zugegebenermaßen schwer ist)? Aber muß deshalb die Tomate, die ich nach dem Markteinkauf als letzte aus der Tüte herausziehe, der, die obendrauf liegt, so wenig gleichen? Und was zum Beispiel die liebe Gesundheit betrifft: Können die Patienten sicher sein, daß der Blinddarm oder Zahn, der mit hoher Kunst herausoperiert wurde, nicht lieber seinen stummen Dienst im Körper weiter erfüllt hätte? Gibt es doch fortgeschrittene »Scherenschleifer« im Beruf, die denken überhaupt nur ans Geld, alles andere, auch das, was sie im Beruf gelernt haben, sind nur Zutaten und Rankenwerk – ein Privileg, doch hier verlasse ich für einen Augenblick die Perspektive des berufstätigen Menschen, das ehrlicherweise einem Scherenschleifer eher zugestanden werden sollte als unseren Landesvätern, Fürsten oder sonstigen Würdenträgern. Was den berufstätigen Menschen betrifft, so hat der vor rund zweihundert Jahren zur Goethezeit lebende liebenswürdige Dichter Matthias Claudius einen bemerkenswerten Vierzeiler hinterlassen:

»Hier ruht ein seltner Advokat,
der Unrecht nie verteidigt hat
und Eintracht jedermann empfahl.
(Nachsatz) Er starb im Hospital.«

Daß ehrliche Leistung und Geldverdienen so oft feindliche Brüder sind und in der Regel der Beruf nicht als Berufung und Dienst, sondern als Ausbeutung und Unterwerfung betrieben wird, läßt sich weder durch Wehklagen noch durch die Beteuerung, es anders oder besser zu machen oder besser als die anderen sein zu wollen, aus der Welt schaffen.

Die naheliegende und dem Leben abgelauschte Konsequenz, welche der vor einigen Jahren verstorbene polnische Ironiker Jerzy Lec hieraus zieht, lautet: »Laß dich betrügen, erschwere nicht den Ablauf des Handels.«

Besteht nun die Ironie unseres Märchens gerade darin, daß der Erzähler mit dem Herausstreichen des rechten Schleifers das Bettelhafte des Berufes als einen Vorteil anzupreisen weiß? Deshalb sei jeder rechte Schleifer gelobt, weil er von dem Geld, das er täglich aus der Tasche zieht, offensichtlich nur träumt, während die vielen armen reichen Leute, bei denen es »ständig« im Beruf »bergab« geht, sehr im Unterschied zum Schleifer und ohne daß man es merken soll, das Geld in Haufen einscheffeln! Es geht hierbei um die hohe Kunst, den Rubel ebenso einträglich wie unauffällig rollen zu lassen. Das hat etwas mit der Kunst zu tun, das Mäntelchen stets so nach dem Wind zu hängen, daß die Dividenden, die dabei herausspringen, den Einsatz nicht nur verzehnfachen, sondern ihn im Grunde überflüssig machen. Dies aber ist ein Kunstverhalten, von dem der ehrliche Scherenschleifer nicht einmal träumen kann.

Vergleichen wir die Welt unseres Fortschritts und die dazugehörigen Taktiken mit der bäuerlichen »heilen« Welt des Märchens, dann ist Hans im Glück gegenüber der Einstellung und der Denkweise von heute ein chancenloser Dümmling. Er ist jemand, für den ein fortgeschrittener Scherenschleifer, sofern er Hans überhaupt wahrnehmen sollte, nichts als ein müdes Grinsen hätte. Wie man den totalen geschäftlichen Mißerfolg in einen ebenso totalen Erfolg ummünzt, dafür hat uns der Politologe Iring Fetscher ein hervorragendes Beispiel in seiner Erzählung »Hans im Glück und Paul im Geschäft« gegeben. Das jedem Scherenschleifer ausdrücklich zu empfehlende Lehrstück ist in dem Märchenverwirrbuch mit dem schönen Titel »Wer hat Dornröschen wachgeküßt?« nachzulesen. Als karrierebewußter Mensch braucht man danach nur den in der Warengesellschaft geltenden Wertbetrag dadurch auszuspielen, daß man ohne Rücksicht auf die bei jedem Geschäft notwendige Einschätzung des Warenwertes die situationsbedingten Umstände geschickt für sich ausnützt, und zwar in voller formaler Übereinstimmung mit den geltenden Handelsbestimmungen.

Die Quintessenz oder Zusammenfassung von Pauls fulminantem Aufstieg liest sich so: »Paul war im Geschäft. Er hatte sein Geld – das erst nur ein ›Schatz‹ gewesen war – endlich zu ›Kapital‹ gemacht. Er tilgte Schulden, konnte neue Kredite aufnehmen, verkaufte das Lager ins weniger modebewußte Ausland und hatte so in kürzester Zeit sein Vermögen verdoppelt. Der alte Herr aber durfte als Ladenwächter seinen früheren Besitz hüten, und die Tochter mußte, ohne Kündigungsrecht zu haben, dem Manne dienen, den sie einmal als ihren Freund oder künftigen Mann angesehen hatte. Paul aber bemühte sich alsbald erfolgreich um die Hand einer Erbin aus der Textilbranche und vermehrte auch auf diese Weise tatkräftig seine Geschäftsbeziehungen und sein Vermögen.« Danach gefragt, ob er glücklich sei, läßt Iring Fetscher Paul die weise Antwort geben: »Das kommt ganz darauf an, was man unter Glück versteht.« Die Meinung, er habe sein geschäftliches Glück mit einem harten Herzen »zu teuer bezahlt«, weist Paul als romantisch zurück. Hier kommt Iring Fetscher Paul und den modernen Menschen als Ironiker und Erzieher zur Hilfe, indem er auf ein Zitat von Thomas Hobbes aus dem Jahre 1640, also kurz vor Beendigung des Dreißigjährigen Krieges, verweist. Das Zitat, das, recht verstanden, karrierebewußte Menschen ebenso anspornen wie erschrecken kann, sei hinzugefügt:

»Der Vergleich eines Menschenlebens mit einem Wettrennen eignet sich für unseren Zweck. Dieses Rennen darf aber kein anderes Ziel, keinen anderen Ruhm als den kennen, an erster Stelle zu stehen, und darin ist stets besiegt zu werden Unglück, stets den nächsten vor uns zu besiegen Glück, und dieses Rennen aufzugeben heißt sterben.«

Hobbes spricht von einer Notwendigkeit, die Hans sehr wohl kennt, denn wie immer wir uns im Leben anstellen, wir befinden uns auf der Wanderung zurück zur Mutter auf dem Weg zum Tod. Hans zieht nur andere Konsequenzen als Hobbes, ohne ihn gelesen zu haben. Hans tut nichts für sein Glück – er ist und lebt glücklich. Wohl kommt es auch für Hans darauf an, wie man etwas ansieht, aber er möchte sich dabei nicht von dem Ziel, zurück zur Mutter zu gelangen, abhalten lassen. Deshalb kann er im Unterschied zu Paul niemanden ausbeuten, will nicht vorne sein oder Erfolg haben und über dem Erfolg vergessen, daß man sich auch auf der Spitze seines Ruhmes in jedem Augenblick seines Lebens auf dem Wege zurück zur Mutter befindet.

Das Problem, das Hans hat, heißt also nicht, Kapital zu vermehren, sondern es so einzusetzen, daß er fröhlichen Herzens heimkehren darf. Um diese schwerste Aufgabe zu erfüllen, muß er lernen, nun auch seine Gans herzugeben, und beim Schleifer in die Lehre gehen, ehe er am Abend das Dorf erreicht hat, welches das Ziel seiner Wanderung ist.

Was man vom Scherenschleifer lernen kann

»Ihr habt Euch jederzeit zu helfen gewußt«, sprach der Schleifer, »könnt Ihr's nun dahin bringen, daß Ihr das Geld in der Tasche springen hört, wenn Ihr aufsteht, so habt Ihr Euer Glück gemacht.« – »Wie soll ich das anfangen?« sprach Hans. »Ihr müßt ein Schleifer werden wie ich; dazu gehört eigentlich nichts als ein Wetzstein, das andere findet sich schon von selbst.«

Es ist kaum Zufall, daß Hansens Beständigkeit und Ehrlichkeit ihn im letzten Dorf, in dem er gerade angekommen ist, nun direkt zum Scherenschleifer führt. Von ihm hat er das Allerschwierigste zu lernen, das Menschen nach einem abgeschlossenen Sozialisationsprozeß überhaupt zu lernen vermögen. Hans wird nämlich hinzulernen und seinem Herzen treu bleiben. Das ist ein vertrackter, psychologisch schwer oder kaum zu erklärender Vorgang. Er erscheint jedenfalls als ein bemerkenswertes Abenteuer, weil man beim Umlernen, vom Leben (oder wenn man will vom Schicksal) in die Zange genommen, nur unfreiwillig oder mit Widerwillen dazu kommt, sein Herz zu entdecken. Im allgemeinen hocken wir wie der biblische Jonas jeder auf seine

Art mit unserem Gencode wie in einem Walfischbauch, ohne zu wissen, wann wir wieder aufs trockene Land gespuckt werden. Von Gewissensängsten gepeinigt, klammern wir uns an Vorschriften, um vor dem Schicksal als rechtschaffene Ehrenbürger zu bestehen, nicht anders als brave Kinder, die ihren Eltern gefallen möchten.

Wenn wir uns gegen die Vorschriften empören oder erheben, haben wir bereits einen Schritt in der Entwicklung getan. Die Psychologen finden diesen Schritt meist gut, Erzieher halten ihn für das erste Anzeichen einer Katastrophe. Leider scheinen wir im Durchschnitt aber so »begabt«, daß wir zu folgen lernten, ehe wir dazu kamen, darüber nachzudenken oder zu überprüfen, was wohl unser Herz zu alldem meint. Diese Mühe haben uns, besonders wenn wir etwa zu dem »bevorzugten« Kreis von Pastoren-, Lehrer- oder allgemein Akademikerkindern gehörten, die Eltern und Lehrer vorsorglich abgenommen und dabei vielleicht an die Worte des großen Augustinus gedacht, der für alle, die es wissen und die es nicht wissen wollen, erklärt, daß das Herz des Menschen von früh auf nach dem Bösen trachte. Darum hat man immer im Vertrauen auf unsere Begabung mit Ernst und Strenge nachgeholfen und uns so rechtzeitig beigebracht, was unser Herz ist. Und dies passierte, noch ehe wir zu entdecken imstande waren, was es mit unserem Herzen nun wirklich auf sich hat. Später fanden wir den Vorgang bei Hölderlin bestätigt. »Herz der Völker, Vaterland heiliges, die Schlacht wogt« (das waren und sind Leitgedanken, die hervorragend von jeder autoritär gelenkten Gesellschaft zu gebrauchen sind), »beeile dich, Jüngling, zu sterben, du sollst es nicht anders haben als die anderen. Laß dich vom lieben Vaterland fressen.« So bestätigte es sich, was unsere Eltern und Lehrer sagten, die es von ihren Eltern und Lehrern übernommen haben.

Hier kommt mir eine besondere Geschichte in den Sinn, von der ich nicht weiß, ob sie ihre Richtigkeit hat, die ich aber doch mitteilen möchte, weil sie wie kaum eine zweite erklären kann, warum der Mensch so zäh und schwerfällig am Erlernten festhält, warum er das einmal Erlernte kaum aufgeben kann und warum er infolgedessen auch kaum oder nicht in der Lage ist, umzulernen oder wenigstens hinzuzulernen:

Um einen Elefanten abzurichten, so hörte ich es irgendwann (ich erzähle die Geschichte mit der Routine eines abgerichteten Elefanten), braucht man ein altes abgerichtetes Tier. Am Hinterbein des abgerichteten Elefanten bindet man mit einem Strick einen jungen Elefanten an, der gerade frisch aus dem Urwald kommt, wo er in eine Falle gerannt ist. Wenn nun, was zu erwarten ist, der junge Elefant das nicht macht, was der alte will, oder wenn er ihn durch Eigensinn belästigt, wird er so lange mit dem Rüssel des alten Elefanten traktiert, bis er entdeckt, was das »wahre Wesen« eines Elefanten ist.

Natürlich handelt es sich hier um eine Fabel. Menschen dressiert man nicht wie Tiere. Aber obwohl man als längst bekannt voraussetzen darf, daß man jungen Wein nicht in alte Schläuche kippen sollte – heute gibt es ohnehin nur vorgefertigte Kunstfabrikate –, so hat sich diese alte Weisheit offensichtlich doch nur schwer auf den Umgang der Menschen untereinander übertragen lassen. Sosehr auch eine akzeptable und befriedigende Lösung des Problems für den einzelnen wie für die Gesellschaft im ganzen erstrebt wird, so wurden doch vor allem von Schriftstellern und Philosophen mit Recht immer wieder größte Zweifel an der Sittlichkeit des Menschen wie an den bestehenden Gesellschaftssystemen erhoben.

In den Aphorismen zur Lebensweishcit spricht Schopenhauer eher nachsichtig-freundlich von einer Gesellschaft von Stachelschweinen, die nach langem Hin und Her zuletzt den Abstand findet, in welchem sie »nicht zu sehr friert und sich auch nicht zu sehr pieken kann«. Es ist der Abstand, der bei den Menschen Höflichkeit und gute Sitten heißt.

Unser Zeitgenosse Hermann Kant ist da kritischer. Die in seinem Roman »Die Aula« erzählte, nach außen eher schnurrige Geschichte sei wegen ihres unerbittlichen Endes ohne Kürzung zitiert: »In Ribnitz, sagte Robert, habe ich mal einen Hund gekauft, einen Irish Setter, das ist so ein langhaariger roter Jagdhund. Das war ein Franzose, der hieß Iraque. Ich habe nie wieder einen so dämlichen Hund getroffen. Mann, war der dämlich! Sein Stammbaum war in Französisch geschrieben, und du hättest dir wunder was erwartet, wenn du nur den Stammbaum kanntest. Aber der Köter war einfach dämlich. Ich habe ihn bezahlt, wie es zwischen meinem Vater und dem Besitzer, der ihn aus Frankreich mitgebracht hatte, brieflich ausgehandelt worden war, und dann bin ich mit ihm losgezogen, Bummelzug von Ribnitz bis Paren, das sind fünfunddreißig Stationen, und auf jeder Station stiegen andere Leute ein, aber sie sagten alle dasselbe.« (Die Menschensprache mag sich – so möchte ich einfügen – für die Hunde nicht anders anhören als für uns ihr Gebell.) Die Leute sagten: »O was für ein schönes Tier, wie heißt er denn, wie heißt du denn, komm doch mal her, gib Pfötchen, was frißt er denn so, wir hatten mal einen, der sah so ähnlich aus, aber auch wieder anders, ist er abgerichtet, treue Augen hat er, Hunde haben treue Augen, wir hatten mal einen, der war so treu, da machen Sie sich kein Bild, wie treu der war, man kann ihn anfassen, oder beißt er?« (Noch eine Zwischenbemerkung: Ein gut erzogener Mensch beißt offiziell nie. Er hat andere Methoden. Um das Beißen aus ihm herauszukitzeln, müßten Analytiker sich schon die Zähne selbst herausbeißen.) »Der biß keinen, der begrüßte jeden Zusteigenden, als hätte er jahrelang mit ihm an den Eiffelturm gepinkelt. Mann, war der Hund dämlich. Mein Vater hat sich alle Mühe gegeben, ihn scharf zu machen, aber alles, was er davon hatte, war ein toter Hund. Iraque, hat mein Vater zu dem Köter gesagt – er sprach mit den Tieren immer so, als ob es Menschen wären –, Iraque, du mußt grundsätzlich davon ausgehen, daß diese großen Figuren, die da mit so viel Ks-Ks und Sch-Sch auf dich zukommen, dir ans Leder wollen. Als Hund darf man von den Menschen nichts Gutes erwarten, als Mensch auch nicht, aber das braucht dich ja nicht zu interessieren. Also zeig ihnen zunächst mal die Zähne, geh auf sie los, zur Verbrüderung ist immer noch Zeit. Du, und als das dämliche Vieh das erstmal kapiert hatte, was machte es da? Es rannte auf eine Lokomotive los, die mit besonders viel Sch-Sch daherkam, und wollte ihr ans Bein. Und wegen sowas bin ich nach Ribnitz gefahren.« Damit kein Zweifel an dem Sinn der Fabel offen bleibt, fügt der DDR-Dichter Hermann Kant auf der nächsten Seite des Romans hinzu: »Ich habe eine Tante, die Mimi heißt, die ist so fromm, ungefähr so fromm, wie der Hund dämlich war.« Und von dem durchaus unnatürlichen, aber verständlichen Tod des Pastoren B. (Mimis Seelsorger) merkt Kant sozusagen als Pünktchen auf dem i an, daß der Pastor auf so törichte Art gestorben war, so töricht wie Iraque, der schöne Irish Setter.

Nun leben wir Menschen alle nur einmal, wobei wir uns einzugestehen haben, daß jeder einzelne von uns nicht ohne das Leben von anderen Menschen leben könnte. Darum wäre nichts törichter, als die von der Menschheit erprobten Formen des Zusammen- und Miteinanderlebens rachsüchtig oder von Ideologien verblendet zerstören zu wollen. Jede neue Generation wird gleichsam aus einer Urlandschaft (einer Art Urwald) in eine von Menschenhand geformte Landschaft geboren, in der es um den Flecken Boden geht, der dem Menschenankömmling die Entfaltung seiner Kräfte und Anlagen erlaubt als einem Zuhause, in dem er mit seinen Eltern und Geschwistern und Altvorderen in einer Gemeinschaft leben lernt, die von gegenseitigem Respekt bestimmt ist. Eine »Taufsohn« überschriebene Geschichte von Tolstoi markiert den Umkreis menschlichen Lebens so: »Es schenkte mir Gott, der Herr, ein Kindlein zum Ansehn in der Jugend, zur Stütze im Alter und zur

Fürbitt nach dem Tode.« Auch wenn die religiösen Formen in unserer technisch rationell ausgerichteten Gesellschaft außer Kurs geraten oder abgewirtschaftet scheinen, so ist doch der Bestand der Menschheit ohne die Entwicklung und Einrichtung dieser Formen kaum vorstellbar. Einer chassidischen Legende nach hängt überhaupt der Bestand der Welt davon ab, daß eine bestimmte Anzahl von Gerechten – genannt werden neunundvierzig – täglich um den Bestand der Welt beten.

Wie nun für das einzelne Lebewesen Respekt gegenüber anderen Lebensformen unerläßlich für seine Entwicklung ist, so sollte auch das Fundament, das für den Bestand der Menschheit unerläßlich ist, von dem Respekt für andere und fremde Gesellschaftsformen und Kulturen getragen sein. Von ähnlichen Gedanken bewegt, wollte der Grieche Plato seine Utopie einer vollkommen menschlichen Gesellschaft dadurch realisieren, daß er von Liebe zur Weisheit geleitete Philosophen als Könige auf den Thron hob. Die Welt ist seitdem ihren Weg weitergegangen. Wir leben heute auf dem Hintergrund eines sogenannten Gleichgewichtes der Schrecken im Schatten der Atombombe. Sollte es da wohl noch sinnvoll sein wie in früheren Tagen, abermals und weiter Utopien das Wort reden?

Wie aber, wenn sich die vergewaltigte Natur rächen und gegen uns erheben sollte? Erhard Kästner beschreibt unseren Verrat an den Dingen in seinem Buch »Byzantinische Aufzeichnungen« so: »Es ist der Herrenwahn unserer Neuzeit, zu meinen, man könne die Dinge ohne Maß, ohne Grenze ausspielen, ausforschen, ausbeuten, und es werde schon keine Rechnung deswegen ins Haus kommen. Sie täuscht sich, die Neuzeit. Die Täuschung darüber in Täuschung zu halten, das eben ist Neuzeit. Es ist ein finsterer, schwer lastender Irrtum.« Und Kästner führt seine Gedanken so fort: »Es hätte mehr Aussicht gehabt, aus einem feudalen Herren einen Sozialisten zu machen, als einen der Getriebenen, die der Fortsturz der Wissenschaft mitreißt, auf den Gedanken zu bringen, daß es einen Vertrag gab zwischen uns und den Dingen und daß wir es waren, die diesen Vertrag brachen.«

Da wir inzwischen sehr wohl wissen, daß der Fortbestand der menschlichen Welt von der moralischen Kraft aller abhängt (um die es, wie nicht nur Kästner ausführt, schlecht bestellt ist), wie sollen wir hoffen, zu überleben, wenn nicht jeder einzelne von uns die äußersten Anstrengungen unternimmt, die Anlagen, die in seiner Person liegen, zu entwickeln, und das heißt fähig zu werden, die Kräfte des Verstandes und des Herzens gleichberechtigt einzusetzen? Dies kann und soll eine veränderte Einstellung zur Welt bringen. Wenn wir aber auf das, was die Welt stets für ihre Geschöpfe bereithält, mit Herz und Verstand antworten, das heißt es jetzt auf eine neue und ungewohnte Art wörtlich nehmen, wären wir auch wieder zu unserem Märchen zurückgekehrt, zu Hans im Glück und dem Scherenschleifer.

Der in der bürgerlichen Gesellschaft nicht zuletzt wegen seiner Direktheit gemiedene oder verabscheute Scherenschleifer ist es, der der feinen Gesellschaft einen Spiegel vor Augen hält, in welchem sie unfreiwillig ihre eigenen Laster wiedererkennen kann. Der Scherenschleifer verhält sich so ohne jede Nebenabsicht. Er gehört deshalb um so mehr zu dem Personenkreis, den man lieber meidet. Auch die sogenannte feine Gesellschaft ist ja darauf aus, jede erdenklich mögliche Chance zum eigenen Vorteil zu nutzen, aber der Scherenschleifer tut es direkt und ungeschminkt. Er zeigt die leeren Taschen her und die wenigen Heller, die ebenso schnell durch die Tasche hindurchfallen, wie sie unerwartet in sie hineingeraten sind. Hinter der zur Schau gestellten, weil von der Gesellschaft geforderten Maske des unterwürfigen und dienstbeflissenen Faktotums betrachtet der Scherenschleifer seine Umwelt gänzlich unsentimental, um noch aus einem rostigen und krummen Nagel seinen Lebensunterhalt zu machen. Das gehört zu dem goldenen Boden des Handwerks, das er betreibt.

Von der Gesellschaft auf die unterste soziale Stufe plaziert, kennt er nur zu gut den Hunger, der in den Gedärmen der Armen und Zukurzgekommenen wühlt. Und er kennt wohl auch den Durst. Der Scherenschleifer zieht hieraus die einzig verbleibende mögliche Konsequenz. Er beschränkt sich darauf, das zu ergattern oder zu erwirtschaften, was ihn an jedem Tag, an dem er lebt, satt und – wenn er Glück hat und satt wird – fröhlich macht. Darum gehört es zu seiner Kardinaltugend, das Mäntelchen (soweit er eines besitzt) stets nach dem Wind zu drehen. Es wäre für ihn, wie ein bekannter jüdischer Witz klarmacht, unlogisch, zu denken, daß es heute so wie morgen sein soll, vielmehr ist es für ihn logisch, davon auszugehen (worin auch seine einzige Erfolgschance liegt), daß es heute so und morgen so, und das heißt stets: anders sein kann.

Der Scherenschleifer im Märchen, in dessen Zunft Hans eintritt, verordnet ihm nun mit dem psychologischen Instinkt eines Naturtalents, das zu machen, was Hans bisher immer machte, nämlich mit ihm zu tauschen. Er soll das Geld in der Tasche springen hören, wenn er aufsteht, dafür will er den Wetzstein gegen Hansens Gans eintauschen. Man darf hinter dem Vorschlag des Scherenschleifers die von einer modernen therapeutischen Richtung angewandte Methode der paradoxen Intervention vermuten, welche bekanntlich im Schnitt leichter als manche klassische Therapieform zur Auflösung fixierter seelischer Einstellungen führt.

Eigentümlich für das Wesen von Hans im Glück ist nun, daß er, was man ihm vorschlägt oder sagt, wörtlich versteht und entsprechend beantwortet. Er handelt aber hierbei stets ohne jede Nebenabsicht, ganz im Unterschied zu einer weit verbreiteten Gattung von Schelmen oder Narren. Letztere pflegen es so anzustellen, daß sie hinter der Maske des dümmlich Beflissenen scheinbar tun, was der andere will, um ihn reinzulegen. Hans ist, wenn überhaupt, höchstens sich selbst, das heißt genauer seinem Ich gegenüber ein Schelm, während er in Wahrheit unbeirrt entsprechend seinem inneren Auftrag handelt.

Ähnlich wie Goldmarie, die, geborgen in der Welt von Frau Holle, hört, was die Dinge, die Äpfelchen und Brote, ihr sagen, scheint auch Hans die geheime Geistkraft zu spüren, die über seinen ganzen Wanderweg ausgebreitet ist und ihn begleitet. Dabei ist Hans im Glück alles andere als ein sentimentaler Spätromantiker, also etwa ein Schwärmer oder gar ein »Aussteiger«. Im Gegenteil, die Befriedigung von Hunger und Durst spielt für ihn eine zentrale Rolle. Insofern steht er dem Scherenschleifer nahe. Er bleibt auf ihn nicht etwa nur gleichnishaft bezogen. Hans ißt und trinkt gerne nach dem alten Motto: Essen hält Leib und Seele zusammen. Und so genießt er stets mit ganzer Seele die Gaben, die der Augenblick ihm bietet.

Was er von der Liebe hält, bleibt im Märchen verschlüsselt oder ungesagt. Symbolisch betrachtet, ist sein Interesse auf den Weltzusammenhang gerichtet. Dieser kommt seiner inneren Wahrnehmung nach in der Vorstellung vom »Dorf der Mutter« zum Ausdruck. Damit erhält aber all sein Handeln etwas Hintergründiges und Beispielhaftes. Um in das Dorf der Mutter als der ihm zugeordneten uranfänglichen Welterfahrung zu gelangen, tauscht und tauscht Hans unentwegt.

Zuletzt in die Zunft der Scherenschleifer eingetreten, soll es für ihn in seltsamer Umkehrung der vorangegangenen Tauschgeschäfte noch einmal ganz schwer werden. Er erhält, so will es der Märchenerzähler, für die Gans unter dem Arm einen abgenutzten Wetzstein und einen dicken Feldstein dazu. Der zu Anfang leicht eingetauschte Klumpen Gold fällt so als zwei grobe Steine wieder auf Hans zurück. Hans nimmt die Steine und schleppt sie in freudiger Erregung dem bevorstehenden »Happy-End« entgegen. Das Fortschleppen der dicken Steine wird zum Zünglein an der Waage, das Hans zum glücklichsten aller Menschen machen soll.

»Hans lud den Stein auf«, so heißt es im Märchen, »und ging mit vergnügtem Herzen weiter. Seine Augen leuchteten vor Freude: ›Ich muß in einer Glückshaut geboren sein‹, rief er aus, ›alles, was ich wünsche, trifft mir ein wie einem Sonntagskind.‹« Die Geschichte eilt jetzt steil auf ihren Höhepunkt zu. Hans im Glück bleibt sich auch auf diesem Teil seines Wanderweges treu.

»Indessen«, so heißt es im Märchen weiter, »weil er seit Tagesanbruch auf den Beinen war, begann er müde zu werden, auch plagte ihn der Hunger, da er allen Vorrat auf einmal in der Freude über die erhandelte Kuh aufgezehrt hatte. Er konnte endlich nur noch müde weitergehen und mußte jeden Augenblick haltmachen. Dabei drückten ihn die Steine ganz erbärmlich.«

Damit tritt Hans in die entscheidende Prüfung ein. Sie bereitet seine Erlösung vor und erweist sich gleichsam als die Geburtskammer seines Glücks. (Auch Glückskinder haben sich – wie das Märchen weiß – Prüfungen zu unterziehen. Ja diese scheinen einen wesentlichen Teil des Glücks auszumachen, das zum Glückskind gehört). Hans wird die Prüfung annehmen und die Steine weiter auf dem Weg ins Dorf der Mutter schleppen. Der Märchenerzähler berichtet: »Da konnte Hans sich des Gedankens nicht erwehren, wie gut es wäre, wenn er sie gerade jetzt nicht zu tragen brauchte. Wie eine Schnecke kam er zu einem Feldbrunnen geschlichen, wollte da ruhen und sich mit einem frischen Trunk laben.«

Wem fiele hier nicht der tägliche Weg zur Arbeit ein, die Monotonie der träge und schwer sich hinziehenden Stunden in unserem Arbeitsalltag? Eingepfercht zwischen mißmutig glotzenden Gesichtern, windet man sich morgens in einer Untergrund- oder Straßenbahn vor die Tore der Großanlagen eines Industriebetriebes, eines Verwaltungsgebäudes, einer Markthalle, einer Versorgungsanstalt oder Bank. In dem Frankfurter Stadtteil, in dem ich wohne, sind es, wie die Leute sagen, die »Farb-Werke«, zu denen in den Morgenstunden sich eine nicht endenwollende Schlange von Autos hinzieht (ein bis zwei, manchmal mehrere Insassen pro Auto), ehe die Schlange am Abend wieder geräuschvoll und miefend zurückkriecht, um sich in kleinen Straßen und Sträßelchen zu verlieren. Die Tore und Portale der grauen langgezogenen Betonwürfel oder Glaskästen nehmen die Leute in stickigen Hallen oder vollklimatisierten Kammern und Waben in Empfang, wo sie in Arbeitsstiefeln und Drillzeug oder in ihrem von der Stange gekauften Straßenanzug, einige mit gebundenem Schlips, die Aktentasche fürs Frühstück unter dem Arm, sich vor die Drehbank oder hinter den Schreibtisch klemmen und so Tag um Tag, ja alle Tage weitermachen, um wie ein abgerichteter Pudel (Kants Setter kann einem hier auch einfallen) mit dem Schalten von Hebeln, dem Anziehen von Schrauben, dem Kontrollieren oder Auftippen von langen Zahlen und Buchstabenreihen und anderem mehr als fortgeschrittene Hundemenschen ihren Beitrag für den Fortbestand des Ganzen zu erbringen, zum Beispiel durch das Herstellen eines Industrieproduktes, das sie irgendwann und irgendwo säuberlich verpackt in einem Supermarkt vorgesetzt erhalten. Wenn man wirklich zu wissen bekäme, was am Ende aus allem herauskommt? Aber so! Wem von uns werden die Stunden, Tage, die Monate nicht lang, in denen er wie eine Schnecke durch die Zeit kriecht, bis sein rotes Blut dickflüssig und zäh durch die Adern rinnt, weil er, um zu leben, etwas tun muß, ohne es zu planen. Wem kämen da nicht manchmal Gedanken wie: »Wenn ich doch gerade jetzt der Monotonie der Arbeit nicht ausgesetzt wäre« oder »wenn ich meine Bürde nicht weiter tragen müßte?!« Für die obligaten Dollars oder Rubel geben die meisten trotzdem unentwegt Hirn, Kreislauf und Muskeln her. Dafür kriegen sie nach dem Essen Abend für Abend den Fernsehkrimi (Kultur ab 23 Uhr ist für die, deren Job morgens nach 8 Uhr beginnt), Samstag nachmittags den Fußball und einmal im Jahr die Sommerreise: Fotosafari durch die Länder der Welt oder Sonnenbräune hinter Oleander und Hibiskus beim Rauschen der Meereswellen. Aber dann elf Monate wieder jeden Morgen eingepfercht zwischen mißgünstigen Gesichtern, der Weg durch die Tore der Großanlagen oder das Portal der Bank!

»Ganz vergessene Völkermüdigkeiten
kann ich nicht abtun von meinen Lidern,
noch weghalten von der erschrockenen Seele
stummes Niederfallen ferner Sterne.«

So klagt Anfang dieses Jahrhunderts der Dichter Hugo von Hofmannsthal. Müssen die Menschen –

immer noch – mit schwerem Herzen bei den Wurzeln des verworrenen Lebens liegen und sterben? Sind sie unglücklicher oder jemals sonst verlassener, als wenn sie sich in der Mühle des Alltags drehen, damit – inzwischen elektronisch registriert – das Geld in der Tasche klingt, wenn sie aufstehn? Alchimisten des 20. Jahrhunderts, die wir sind, lassen wir die Lebenskräfte zu Stein werden, stellen aus Steinen Sternenenergie her, damit dieser unser blauer Planet und wir mit ihm womöglich ein für allemal zu bestehen aufhören.

Wagen wir – wie weiland der unbestechliche Luther es empfahl – ein letztes Bäumchen zu pflanzen, oder ziehen wir es vor, weil wir nicht anders können, das Auto (unser materialisiertes Selbst) mit dem goldenen Lenker wissenschaftlichen Fortschritts über die unsichtbaren Pisten der Zeit zu jagen? Nichts wäre sicherer, als daß wir so an jedem Feldbrunnen vorbeibrausen.

Wenn wir aber nun geduldig die Steine auf dem Buckel schleppen, finden wir den Feldbrunnen dann? Kommt es uns nicht vor, als gebe es den Brunnen nur im Märchen? Besinnen wir uns auf Hans im Glück! Wie, wenn nur derjenige den Brunnen träfe, der sich wie Hans auf dem Weg ins Dorf der Mutter befindet und es auch weiß? Statt dessen schreiten wir rücksichtslos durchs Leben, ohne daran zu denken, daß es den Abend gibt, der uns alles, was wir jemals erworben haben, wieder aus der Hand nimmt. Haben wir, abgestumpft von der Monotonie des Lebens, vergessen, daß – wie der Dichter es sagt – unser Teil des Lebens mehr ist als die schmale Flamme?

In diesem Zusammenhang mutet es seltsam an, wie Hans vor dem Erreichen des Brunnens mit den Steinen umgeht. Es ist, als ob die Steine vielleicht durch den Schweiß, den sie ihm abpreßten, zu etwas Kostbarem geworden seien, vielleicht zu einem seltenen Instrument, zu einer Art Kompaß, die er gerade in seiner Müdigkeit nicht außer acht läßt. Hans hat, wie wir spüren, die Prüfung nicht nur angenommen, er hat sie bestanden: »Damit er aber die Steine im Niedersitzen nicht beschädigte, legte er sie bedächtig neben sich auf den Rand des Brunnens«, heißt es wörtlich im Märchen.

Hans im Glück bleibt auch hier, wie immer, der von innen Gelenkte, der Inspirierte. Und wie es folgerichtiger nicht sein kann, fällt nun das Glück ihm zu, als er »sich nicht versieht«. Der Zufall krönt sein Glück.

Doch dies gehört in das letzte Kapitel, mit dem ich die Betrachtungen abschließen werde.

Der Feldbrunnen

Darauf setzte er sich nieder und wollte sich zum Trinken bücken; da versah er's, stieß ein klein wenig an, und beide Steine plumpten hinab.

Hans ist auf seinem langen Weg zum Feldbrunnen gelangt. Von der Sonne ausgedörrt, schwitzend unter der Last, möchte er ausruhen. Er legt die Steine behutsam ab, setzt sich nieder, beugt sich über den Rand des Brunnens, um zu trinken. Da entgleiten ihm die Steine.

Im Unterschied zu der Leichtigkeit und Heiterkeit, die Hans im Umgang mit den Menschen zeigt, ist er bei der Verfolgung seines Zieles, wieder zurück ins Dorf der Mutter zu gelangen, erstaunlich konsequent. Er verfolgt seinen Weg mit großer Ausdauer und Geduld. So gelangt er kurz vor Ende seiner Wanderung zum Feldbrunnen.

In diesem Zusammenhang ist es aufschlußreich, sich an das berühmte chinesische Orakelbuch »I Ging« zu erinnern, dessen Ursprünge in mythische Zeiten reichen. Das Buch vereinigt mit seinen Kommentaren, wie R. Wilhelm es ausdrückt, die Frucht reifster Weisheit von Jahrtausenden. In ihm haben nicht nur die beiden Zweige chinesischer Philosophie

– der Konfuzianismus und der Taoismus – ihre gemeinsame Wurzel, auch die Naturwissenschaft und Staatslehre Chinas sind durch das I Ging nachhaltig beeinflußt.

Das nach chinesischer Auffassung unwandelbare ewige Gesetz, welches allen Wandel bewirkt, zu erkennen, oder anders formuliert: das Eine, welches das Viele und damit das Dasein hervorbringt, zu entdecken, das ist das Bemühen der Heiligen und Weisen, die sich mit diesem Buch auseinandersetzen. Bis heute sucht derjenige, der sich des Buches bedient, den Sinn zu erfassen, welcher als unsichtbare Kraft hinter den sichtbaren Dingen steht, um Richtlinien für sein aktuelles Handeln und Belehrung in seelischen Problemen zu finden.

Im Kommentar des I Ging ging, der sich mit dem Zeichen »Der Brunnen« beschäftigt, lesen wir: »Wer oben bedrängt wird, wendet sich nach unten. Darum folgt darauf das Zeichen der Brunnen.« Weiter heißt es zum Brunnenzeichen: »Man mag die Stadt wechseln, aber man kann nicht den Brunnen wechseln. Der Brunnen bleibt an seinem Platz.« Im alten China wurden die Hauptstädte zuweilen verlegt, teils aus Gründen der Gunst der Lage, teils durch den Wechsel der Dynastien. Auch der Baustil wechselte im Lauf der Jahrhunderte, aber die Form des Brunnens blieb bis auf den heutigen Tag bestehen. So darf der Brunnen als Bild gesellschaftlicher Organisation der Menschheit in ihren primitivsten Lebensnotwendigkeiten gelten, die unabhängig von politischen Gestaltungen sind. Die politischen Gestaltungen, die Nationen wechseln, aber das Leben der Menschen mit ihren Bedürfnissen bleibt ewig dasselbe, so verschieden ihre Anlagen und Bildungen auch sein mögen. Und jeder Mensch kann – wenn er Glück hat, füge ich hinzu – aus dem unerschöpflichen Born seiner Natur schöpfen. Hierbei drohen allerdings, wie der Kommentar erläutert, zwei Gefahren: Einmal, daß der Mensch nicht zu den Wurzeln seiner Natur durchdringt und in der Konvention steckenbleibt – eine solche Halbbildung ist ebenso schlimm wie Unbildung –, oder daß er plötzlich zusammenbricht und die Bildung seines Wesens vernachlässigt. Darum hören wir – auf die Natur des Menschen übertragen – im Urteil zum Brunnenzeichen folgendes: »Der Brunnen zeigt das Feld des Charakters. Der Brunnen weilt an seinem Platz und hat doch Einfluß auf anderes. Der Brunnen bewirkt Unterscheidung dessen, was das Rechte ist.«

Heilig in allen Traditionen, gilt der Brunnen als urtümlicher Ort der Kommunikation. Er ist symbolisch ein Integrationszentrum der drei kosmischen Bereiche Himmel, Erde und Höhle und stellt mythisch den Schnittpunkt der Elemente Luft, Wasser und Erde dar. Die Verbindung dieser magischen Elemente macht den Brunnen als Tauf- und Gesundbrunnen zum Ort des Überganges und der Wandlung.

In der Alchimie ist der Brunnen der Ort, der dem Adepten nicht nur Gold oder den Stein des Weisen beschert, sondern ihn durch einen Vorgang der radikalen Wandlung zu Weisheit und Glück führt, treu der alten Überlieferung, in der es heißt: »aurum nostrum non est aurum vulgi« (unser Gold ist nicht das Gold des Volkes), womit der vom Opus ergriffene Adept ausdrücken will, daß das geistige Gold, welches er sucht, nicht das materielle Gold der Menge sei. So ist der Brunnen für den suchenden Menschen, der von Innenkräften geleitet ist, Symbol der Wahrheit, der Weisheit und des Glücks.

In der jüdischen Tradition bedeutet der Brunnen soviel wie Lebensfülle und Leben. Im Gespräch mit der Samariterin bezeichnet Jesus den Brunnen, welchen er auf seine eigene göttliche Natur bezieht, als Symbol des ewigen Lebens.

Im Märchen führt der Brunnen oft in jenseitige Bereiche. Er vermag dem, der aus ihm auftaucht, Reichtum und Glück zu schenken. In dem bekannten Grimmschen Märchen von der Gold- und Pechmarie wird Goldmarie, die dem Gebot der Frau Holle und damit ihrer eigenen weiblichen Natur folgt, beim Auftauchen aus dem Brunnen mit Gold und Edelsteinen überschüttet, während die ihre Natur verkennende, nach bloßem Reichtum strebende Pechmarie beim Wiedereintritt in die Welt mit Pech bestraft wird. Eben darum heißt es in dem Urteil des I Ging: »Der Brunnen zeigt das Feld des Charakters. Er bewirkt Unterscheidung dessen, was das Rechte ist.«

Beziehen wir den Kommentar auf das Märchen, so stellt der Brunnen den entscheidenden Zielpunkt von Hansens Wanderschaft dar. Der Brunnen nimmt die Steine in seiner Tiefe auf und entläßt den von aller Last befreiten Hans im Glück auf den Weg zu sich selbst.

Der inneren Logik des Märchenerzählers zufolge steht also der Brunnen am vorläufigen Endpunkt der Wanderung. Indem die Steine in die Tiefe versinken, finden die vorangegangenen scheinbar zufälligen Tauschhandlungen ihr Ende. Hans, der die Steine geduldig bis zum Feldbrunnen schleppte, wird damit aber nicht nur von einer äußeren Last befreit, sondern von dem Druck der sein Bewußtsein bis dahin wohl noch bestimmenden Konvention. Auch wenn es dem Hörer oder Leser des Märchens paradox erscheint, Hans im Glück folgt in allem der Stimme seines Gewissens, auch und gerade dann, wenn er gegen die in der Menschenwelt herrschenden Konventionen verstößt. Es entspricht wiederum der Logik des Märchens, daß eine Kette von scheinbaren Verlusthandlungen Hans zum glücklichsten aller Menschen macht. Die überschwengliche Reaktion auf den Verlust der Steine, hinter der wir durchaus das eingetauschte Gold vermuten dürfen, erweckt dabei den Eindruck, als sei die für die Tradition der Menschheit so charakteristische Maxime, die Welt gehöre allein dem Erfolgreichen und Tüchtigen, für die Weisheit des Märchens ohne wirkliche Bedeutung. Hans fühlt sich jedenfalls in seinem Herzen darin bestätigt, daß die Welt den zum glücklichsten Menschen macht, der von ihr nichts will, und ihn mit allem, was ihr gehört, beschenkt – auch mit dem Tod, auf den jeder zugeht.

Nikos Kazantzakis hat in dem Roman »Alexis Sorbas« einen modernen, in gewisser Hinsicht an Hans im Glück erinnernden Helden vorgestellt. Ähnlich wie Hans fühlt sich auch Sorbas von einem überschwenglichen Glück erfüllt, als all seine irdischen Pläne zusammenbrechen und ins Nichts zerstieben. Die Katastrophe bricht über Sorbas und seinen Chef, den Initiator des irdischen Unternehmens, dem Sorbas gläubig folgte, wie ein Blitz herein. Nachdem die zur großen Einweihung des Unternehmens geladenen Gäste geflohen sind, nehmen Sorbas und sein Chef die Katastrophe zum Anlaß, den Verlust hingerissen von Glück zu feiern. Sie holen Hammel vom Feuer, schneiden zwei große Streifen Fleisch ab und trinken einander kretischen Wein, purpurn wie Hasenblut, zu. Wer einen Schluck davon nimmt, meint, mit der Erde zu kommunizieren. Die Adern der beiden strömen über von Kraft, das Herz von Güte. Mit den Menschen, den Tieren, mit Gott eins, gehen sie ins Weltall auf. Sie neigen sich über das Blatt des Hammels, um die Zukunft zu lesen. Sorbas orakelt: »Alles in Ordnung, Chef. Ich sehe eine Reise, eine große Reise. Und am Ziel der Reise ein großes Haus mit vielen Türen. Das muß die Hauptstadt eines Königreiches sein, Chef. Oder gar ein Kloster, in dem ich Pförtner sein und Schmuggel treiben werde, wie wir gesagt haben.«

»Schenk ein«, antwortet der andere: »Ich will dir sagen, was das Haus mit den zahlreichen Türen bedeutet: die Erde mit ihren Gräbern. Da hast du dein Reiseziel. Auf dein Wohl, Gauner!« Die Erde, auf der sie atmen, wird zum magischen Quadrat. Die Welt wiegt leicht, das Meer lacht. Der Boden bewegt sich wie die Planken eines Schiffes. Zwei Möwen stolzieren auf den Kieseln und unterhalten sich wie Menschen. Das Leben von Sorbas und seinem Gegenüber verwandelt sich. Sorbas lehrt seinen Chef einen Tanz, der Boden dröhnt unter seinen Schritten wie eine Trommel. »Du bist ein Daus«, jubelt Sorbas, »zum Teufel mit Papier und Tintenfaß, zum Teufel mit Kapital und Zinsen, zum Teufel mit Kohlengruben, Arbeitern und Klöstern! Was haben wir uns jetzt zu erzählen, wo auch du meine Sprache lernst und tanzt!«

Dann tanzt Sorbas vor. Seine Füße schreiben die dämonische Geschichte der Menschen in den Kies. Endlich hält er inne. Beide betrachten die Reihe von Haufen, in welche ihr Werk zusammengebrochen war. Sie brechen in ein unaufhaltsames Gelächter aus, balgen sich wie Buben. Schließlich fallen beide der Länge lang auf den Kies und schlafen umschlungen ein.

Ein ruinöser Mißerfolg, der alle Erwartungen der Männer auf eine gesicherte Existenz zerstörte, löst einen »überschwenglichen« Glücksrausch aus. Ihre Naturen verschmelzen, wie Kazantzakis schreibt, zu einem glücklichen Menschen. Der vom Streben nach kleinlichem Gewinn, nach Überlegenheit und Erfolg bestimmte alte Lebensrahmen fällt, vom Unglück getroffen, auseinander. Er macht einem neuen Lebensgefühl Platz, in dem die Übereinstimmung mit sich und der großen Welt, ihre über allem stehende Erfahrung »das bin ich«, zu einer überragenden, alles verbindenden Seinserfüllung wird. Der Dichter Kazantzakis bezeugt neue, von Mut und Vertrauen zum Leben erfüllte Werte. Das Fazit, das der mit seinem Helden identifizierte Dichter dem Chef in den Mund legt, sei ungekürzt zitiert: »Bei Tagesanbruch erhob ich mich und eilte ins Dorf. Selten war mir in meinem Leben so wohl um das Herz gewesen. Freude war das nicht mehr zu nennen, was ich empfand. Es war erhabene, absurde, durch nichts zu rechtfertigende Heiterkeit. Nicht nur das – sie war das genaue Gegenteil jeder Rechtfertigung ... Ich hatte mein ganzes Geld verloren, Arbeiter, Drahtseilbahn, Loren – wir hatten einen kleinen Hafen angelegt, die Kohlen zu verladen –, und jetzt war nichts zum Verladen da. Alles war verloren. Und gerade jetzt empfand ich wider Erwarten eine Erlösung. Mir war, als hätte ich in den harten und gräßlichen Falten der Notwendigkeit einen Winkel entdeckt, in dem die Freiheit gelassen spielte. Und ich spielte mit ihr. Wenn alles verquer geht, ist es eine doppelte Freude, sich zu beweisen, ob man Härte und Wert besitzt! Es ist, als überfiele uns ein unsichtbarer, allmächtiger Feind – die einen nennen ihn Gott, die andern den Teufel –, um uns niederzuschlagen. Aber wir bleiben stehen. Jedesmal, wenn wir innerlich Sieger sind – gerade wenn wir äußerlich völlig geschlagen werden, empfindet der echte Mann einen Stolz und eine Freude, die sich nicht ausdrücken lassen. Das äußere Unglück verwandelt sich in ein erhabenes und strenges Glück.«

Ohne heldische Attitüde, stiller erlebt Hans im Glück am Feldbrunnen, was ihn zum glücklichsten aller Menschen macht. Als er die Steine, wie es im Märchentext heißt, »mit seinen Augen in die Tiefe hatte versinken sehen, sprang er vor Freuden auf, kniete nieder und dankte Gott mit Tränen in den Augen, daß er ihm auch diese Gnade noch erwiesen und ihn auf eine so gute Art und ohne daß er sich Vorwürfe zu machen brauchte, von den schweren Steinen befreit hätte, die ihm allein noch hinderlich gewesen wären«.

Hansens ergriffene Reaktion läßt vermuten, daß ihm am Feldbrunnen wohl etwas Besonderes zugestoßen ist. Es ist sicher nicht nur die Last der Steine, die er »auf eine so gute Art« abgenommen bekam, etwas Entscheidendes, etwas, was ihn innerlich anrührte und sein Gemüt tief bewegte, muß noch hinzugekommen sein. Auch wenn es schwer sein dürfte, sich vorzustellen, wie ein von Natur aus glücklicher Mensch plötzlich zum allerglücklichsten Menschen unter der Sonne wird, scheint es mir doch, als wollte der Märchenerzähler andeuten, daß hierzu eine Art Wandlung vonnöten sei. Hans spricht von ihr als Gnade, mit der ihn Gott beschenkt, als er den Steinen in die Tiefe des Brunnens nachschaut.

Machen wir eine kleine Weile halt. Erinnern wir uns an Augenblicke im Leben, in denen wir als Kinder Kiesel über den Rand des Brunnens warfen, um dem plumpsenden Geräusch aufmerksam und gespannt hinterherzulauschen. Oder wann und wo immer wir sonst uns über den Rand eines Brunnens beugten, um den Wasserringen in der Tiefe nachzuschauen, die plötzlich die stille Oberfläche des Brunnens bewegen und sich dann ebenso rasch wieder am Brunnenrand verlieren. Es sind dies Augenblicke, die uns helfen können, nachzuempfinden und zu fühlen, was in Hansens Seele vorgegangen sein mag, als er, erschöpft von der langen Wanderung unter der Sonne, den Steinen nachschaute. Noch mag die Sonne am nachmittäglichen Himmel gestanden haben. Die Spiegelfläche im Brunnen wird Hans im Glück wie eine Lichtscheibe erschienen sein, aus deren hellem Rund ihn sein geheimnisvolles Antlitz anblickt. Plötzlich trinken seine Augen, während er im Innersten erschauert, ein blaßsilbernes Leuchten wie die Scheibe des Mondes über der Linde im Dorf der Mutter. Ist es seine eigene Seele, die ihn in der Tiefe anrührt, oder seine liebe Mutter selber, die ihm, während seine Augen Licht trinken, als eine Gottheit verklärt zulächelt, ihn hält und wiegt?

Einen Augenblick lang haben die frischen Wasserspritzer die Spiegelfläche des Brunnens tanzen lassen. Sie stürzen sich zu einem Kreis, verdoppeln ihn, teilen ihn ein zweites und ein drittes Mal, tauchen aus der Brunnenmitte hervor, um als sanft atmende Wellen am Brunnenrand zu verebben. Die Lichtbewegung füllt das Rad der Pupille in der Höhe, verschmilzt als ein ausgespanntes Himmelstuch mit dem Leuchten in der Tiefe. Oben und Unten heben sich auf. Die Zeit tritt ins Zeitlose zurück. Wasser, Erde und Luft streben in eins zusammen. Die Bereiche von Erde, Höhle und Himmel werden zum Schnittpunkt des Kosmos. Sie machen den Brunnen zum Symbol. Wer die Kraft des Symbols erfährt, dessen Natur und Seele werden zu höchster Reinheit und Klarheit geläutert.

Der Märchenerzähler meidet jeden Mystizismus. Er hebt am Brunnenerlebnis von Hans nur das hervor, was für das Verständnis der Märchenerzählung unerläßlich ist. Indem Hans die Steine, die er vom Scherenschleifer erhielt, bis zum Brunnen schleppt, folgt er der Stimme seines Gewissens. Am Feldbrunnen angelangt, überläßt er mit den versinkenden Steinen der Brunnentiefe, was ihn bis dahin mit der Welt und ihren Glückserwartungen verbunden hat. Nun ist sein Weg frei. Mit leichtem Herzen und frei von aller Last springt er fort, bis er daheim bei seiner Mutter ist. Es ist der Weg, den Hans im Glück von Anfang an suchte und den er am Ende seiner Lehre dem Meister sofort mitteilte.

Der Weg ins Dorf der Mutter bedarf im Grunde keiner weiteren Interpretation. Er entspricht der Reise in das Haus mit den vielen Türen oder, wie ich die Antwort von Kazantzakis, die er seinem Freund Sorbas gibt, frei interpretieren möchte: Sie ist die Erde mit dem Grab, das auf jeden wartet.

Johann Peter Hebel, der als Junge auf der Landstraße von Basel ins heimatliche Dorf seine Mutter in einem offenen Pferdewagen sterben sah, hat diese Lehre nie vergessen. Er drückt sie in einem alemannischen Gedicht so aus:

»Un wenn de am e Chrützweg stohsch
un nümme waisch, wo's ane goht,
halt still un froog dy gwisse zerst,
's cha Dütsch gottlob, un folg sym Root!

Wo mag der Weg zum Chilchhof sii?
Was froogsch no lang? Gang, wo de witt!
Zuem stille Grab im chüele Grund
Füehrt jede Weg, un's fehlt sie nit.«

In unsere heutige Umgangssprache übertragen, lauten die Verszeilen:

»Wenn du, am Kreuzweg angekommen,
nicht weißt, wohin es weiter geht,

halt still und folg', wenn du's gefragt,
stets dem Gewissen, das doch Deutsch versteht!

Wo mag der Weg zum Friedhof sein?
Geh, wo du willst! Was fragst du noch?
Zum stillen Grab im kühlen Grund
führt jeder Weg zuletzt dich doch.«

Wir aber können lernen, daß wir dann am glücklichsten sind, wenn wir die Zufälle des Lebens nicht bekämpfen, sondern ihnen mit der heiteren Gelassenheit begegnen wie unser stiller Held Hans im Glück auf seinem Wege, den er so konsequent verfolgte.

Mag sein, daß auch wir dann zu einem Brunnen gelangen, der an dem Weg zum Dorf der Mutter liegt. Die unausschöpfliche Kraft des Brunnens wird uns, wenn wir uns da wie Hans im Glück ein wenig versehen, von aller Last befreien, von der steinernen Bürde, die uns bis dahin hinderlich war, um glücklichen Herzens die Jahre zu verbringen, die uns auf der Erde noch zugeteilt sind.

Literaturverzeichnis

Augustin: Vom Gottesstaat, Zürich 1977
Claudius, Matthias: Das gläubige Herz, Krönerreihe 142, Stuttgart
Der Koran, Stuttgart 1974
Dostojewski, E. M.: Der Idiot, München 1946
Dschuang Dsi: Das wahre Buch vom südlichen Blütenland, Düsseldorf/Köln 1951
Fetscher, Iring: Wer hat Dornröschen wachgeküßt? Fischertaschenbuch 1446
Forstner, D.: Die Welt der Symbole, Innsbruck–Wien–München 1967
Glockner, H.: Europäische Philosophie, Stuttgart 1958
Glockner, H. (Hrsg.): Hegellexikon. Hegel sämtliche Werke, Band 24, Stuttgart 1937
Haich, Elisabeth: Tarot, Engelbert/Schweiz–München 1971
Hebel, Johann Peter: Gesammelte Werke, Frankfurt 1968
Hofmannsthal, Hugo von: Gedichte, Leipzig 1922
I Ging. Das Buch der Wandlungen, Düsseldorf/Köln 1960
Kaléko, Mascha: Der Stern, auf dem wir leben, Hamburg 1984
Kant, Hermann: Die Aula, Frankfurt 1968
Kazantzakis, Nikos: Alexis Sorbas, Hamburg 1972
Mann, Heinrich: Professor Unrat (Der blaue Engel), Hamburg 1984
Ortega y Gasset, José: Der Aufstand der Massen, Hamburg 1956
Saint-Exupéry, Antoine de: Der kleine Prinz, Düsseldorf 1955
Teillard, A.: Traumsymbolik, Zürich 1946

Weisheit im Märchen
Herausgegeben von Theodor Seifert

Theodor Seifert · Schneewittchen

Angela Waiblinger · Rumpelstilzchen

Ingrid Riedel · Hans mein Igel

Helmut Remmler · Der Königssohn,
der sich vor nichts fürchtet

Verena Kast · Der Teufel
mit den drei goldenen Haaren

Hildegunde Wöller · Aschenputtel

Hans Jellouschek · Der Froschkönig

Lutz Müller · Das tapfere Schneiderlein

Franz Kaufmann · Der gestiefelte Kater

Rosmarie Bog · Das Wasser des Lebens

Hans Dieckmann · Der blaue Vogel

Helmut Hark · Der Gevatter Tod

Ursula Eschenbach · Hänsel und Gretel

Uwe Steffen · Die zwei Brüder

Helmut Barz · Blaubart

Olga Rinne · Die Gänsemagd

Viktor Zielen · Hans im Glück

Rudolf Müller · Jorinde und Joringel

Kreuz Verlag